廖和永 著

文史哲學集成

晚清自強運動軍備問題之研究

文史哲出版社 印行

(163) 文史哲學集成

晚清自強運動軍備問題之研究

著者：廖和永
出版者：文史哲出版社
登記證字號：行政院新聞局版臺業字○七五五號
發行所：文史哲出版社
臺北市羅斯福路一段七十二巷四號
郵撥○五一二八八一二彭正雄帳戶
電話：三五一一○二八
印刷者：文史哲出版社

實價新台幣二八○元

中華民國七十六年六月初版

田序

清季末造，滿清政治腐敗，中國門戶洞開，自鴉片戰爭後，喪權辱國之條約，紛至沓來，數千年閉關自守古老之中國，面臨存亡絕續之考驗。而有識之士，不得不爲中國之命運，作未雨之綢繆。太平天國之翼王石達開，在起事時即曾言：「忍令上國衣冠，淪於夷狄；相率中原豪傑，還我河山。」此種沉痛之呼聲，正說明中國士人鬱抑之心情。所可惜者，太平起事諸王，其義擧雖可欽嘉，然其政事之設施，有違中國傳統之禮教，且加諸王之內訌，故終告失敗，此中國士人自救之先聲也。

太平之亂平定後，清室重臣如曾左胡李之輩，鑒於內亂雖平，而外患日亟，前此鴉片戰爭與英法聯軍之役，中國之失敗，皆由於外人之科技發達，其堅甲利兵，已非我國長矛刀棍所可抵禦，故倡效法洋人，師其技巧，製造利械，以收以夷制夷之功。曾國藩在長江作戰時，目睹洋船在江面鼓輪如飛，即慨乎言之曰：「輪船之迅，洋礮之遠，在英法則誇其所獨有，在中華則震於罕見。若能陸續購買，據爲己物，在中華則見慣而不驚，在英法亦漸失所恃。」又李鴻章在曾氏麾下時，編練淮軍，其致曾之信函亦云：「每思外國用兵，口糧貴而人口少，至多一萬人即當大敵。中國用兵多至數倍，而經年積歲不收功效，實由於槍砲窳濫，若果能與西洋火器相埒，平中國有餘，敵外國亦無不足。俄羅斯日本從前不知砲法，國以日弱，自其國之君臣，卑禮下人，求得英法祕巧，槍砲輪船漸能致用，遂與英法爭雄長。中土若於此加意，百年之後，長可自立，仍祈師門一倡率之。」故由曾李諸人之倡導，並得滿清宗室重臣恭親王奕訢，與軍機大臣文祥之支持，遂在同治年間，釀成當時之自強運動，或稱洋務運動。

洋務運動之內容，以練兵、製器、造船爲重心。其後同文館之設立，海軍衙門，水師學堂之興定，北洋海軍之編練，江南製造局，天津機器局，開平礦務局，招商局，大冶鐵工廠，漢陽兵工廠，上海織布局相繼成立，皆洋務運動之成效。然此一運動，及曾死後，李鴻章年老，恭親王奕訢亦爲慈禧所疏遠，朝廷內外更乏有力人士主持此項運動，而洋務運動所經營之海軍設施，亦在中日甲午之役，毀於旦夕，此一持續三十年之久洋務運動，遂陷於停頓狀態。而思挽救中國危亡之知識份子，終又掀起變法維新與革命運動。

回溯中國近百餘年之歷史，釀成中國歷史之巨變者，一爲洋務運動，導致中國由農業經濟社會，邁向爲工業經濟社會。一爲維新與革命運動，導致中國政治體制由君主專制，轉變爲民主共和，而今我中華民國，雖經此百餘年之巨變，仍能屹立不搖，實由於中華民族有悠久之歷史文化，而在此種文化中孕育成長之知識份子，終能在山窮水盡無路之時，開創出其柳暗花明又一村之新境界。而在自由寶島之炎黃子孫，以蕞爾之小島，創造出世界上政治民主經濟大國之奇蹟，正是最佳之明證，此研究中國歷史所不可注意者也。

廖君和永，台灣雲林人，政治作戰學校政治系十一期畢業，畢業後曾服務空軍，後調回母校，民國六十九年來系任教，擔任中國現代史課程。平日工作勤奮，任課餘暇，孜矻不倦。尤對其所任課程，勤於鑽研。今將其歷年所蒐有關自強運動之資料，撰成晚清自強運動中軍備之研究一書，書成，問序於余，故贅數語以爲之介。

田鳳台序於屏山齋書房

自序

自清末以來，內憂外患接踵而至，鴉片戰爭訂立南京條約；英法聯軍陷大沽，簽訂天津條約、北京條約；中日甲午之戰，訂立馬關條約；八國聯軍攻佔北京，簽訂辛丑和約；……每一次戰爭，每一種條約所造成的創痕，皆深深的烙印在每一國民的心靈。在漫長的歲月中，不禁要問：我中華民族百餘年的創傷、挫敗，是如何造成的？如何自立自強，消除挫敗所造成的心理創傷？

在筆者的生命裏，也曾為這些挫敗黯然神傷，更曾為這些屈辱熱血沸騰。有感於這一代知識青年的大責重任，要振興民族生命，要重建民族自信心，實應從個人的心理建設開始。筆者乃於民國五十年十月保送政治作戰學校政治系，接受嚴格的政治及革命理論訓練。其間，對清末以來的苦難也時有反省，並勤加研究，有關政治、經濟、軍事方面的問題，也略有認識。民國五十四年畢業後，分發至空軍部隊服務。民國五十九年四月，始由空軍奉調回母校任職。歷經隊職官、參謀等職務。民國六十九年八月轉入文史系（現在改稱中國文學系）任教，講授中國現代史、國民革命簡史等課程。對近代史事的演變，也頗有所心得。

筆者自任教以來，為加強教學之內容，並探討百餘年來內憂外患的種種原因，時時利用課餘之暇，前往本校志清圖書館、國際關係研究中心、中央研究院近代史研究所和國立中央圖書館等處蒐集資料。在教學研究的過程中，筆者發現：清末的政治改革，肇始於自強運動，進而有立憲運動，而以革命運動結束清朝二百六十八年的專制統治。自強運動乃是師法西人兵器設備的一種運動，運動之失敗，使國人在自立自強的過程中，遭受最嚴重的挫折。但並未喪失國人的自信心，往後的種種運動，即因自強運動的刺激而起。今欲瞭解各種運動的來龍去脈，自應先探究自強運動的始末。自強運動又以軍備措施爲主，檢討軍備的得失，自強運動的是非曲直才有定評。而有關軍備這一主題的探討，僅有零星的單篇論文，尙缺乏有系統之專著，筆者有感於此事之重要，三年多來，奮發淬礪，草成斯編。惟學疏才淺，或有所疏漏；資料之取捨，或有所不當；祈海內外先進，能賜予指導。

寫作期間，承中央研究院近代史研究所李念萱教授，校閱論文綱目；政治作戰學校中國文學系主任田鳳台博士、陳新銘教授，詳加校閱；曹伯恒教授、譚桂戀老師，賜予教誨和鼓勵。謹此一併申謝。

中華民國七十五年十二月廖和永序於政治作戰學校中國文學系

晚清自強運動軍備問題之研究

目　次

第一章 緒論

第一節 研究動機

十八世紀的工業革命，造就了歐洲的近代文明，由於機器的大量使用，使得歐人的生活和舊日相比完全改觀。他們機器安放在船上，成了不靠人力拉划就可以行動的輪船；藉著機器的使用，發明了比以往更厲害、殺傷力更大、火力更強的武器；再加上工業革命，帶動了生產的激增，連帶的也促成了商業革命。他們爲了開拓市場，獲得工業原料，以及增加貿易量，就利用這些堅船利砲，向外拓展，把非洲黑暗大陸變成他們的殖民地，接著把箭頭指向東方，首當其衝的就是中國。

中國，這個具有五千多年歷史文化的古國，從秦漢以來，在四鄰無強敵的環境下，一直是天下的共主，在所謂「普天之下，莫非王土；率土之濱，莫非王臣」的觀念下，從秦漢以後，歷朝歷代無不以天朝自居，以聖王自許，對於四鄰的小邦，無不視爲夷狄蠻戎。全國上下，都陶醉在這種「天無二日，民無二主」的自大意識中。這種情形在西人未來之前，是可以維持的，但是，西人東來，用堅船利砲，敲開中國門戶，訂立南京條約，這種自大的意識，事實上已經被否定了，但是整個中國人仍舊陶醉在美好的過去裏，直到兩次英法聯軍，又把滿清的軍隊打得落花流水，連皇帝也被迫離京逃命，富麗堂皇的圓明園更成爲戰火下的灰燼。於是，有若干人士不得不面對現實，承認這個「大變局」，因此就想振作而有所作爲，以期能夠自強圖存，而此後的三、四十年間，在有力的人士推動下，國內充滿了新興的事物，有新的船廠、輪船、槍砲、艦隊、鐵路、電綫……等，這些事物的形成，其過程在中國歷史上總稱爲「自強運動」。雖然，這幾十年的努力，在日本人的砲聲中化爲雲烟，但不論它是成功或失敗，都對後代的我們產生巨大的影響，它是我們民族在近代史上苦難折磨過程中，最初的掙扎記錄，値得我們後人重視與研究。

本文的研究動機就是秉持這個目標而來，至於爲什麼只探討軍備上的問題，我想，最主要的就是從來沒有人對這方面有一個較整體、深入的整理和探討。歷來很多人就自強運動作研究，有專書、有論文，如正中書局印行，由包遵彭、李定一、吳湘湘等諸位先生編纂的中國近代史論叢，在第一輯第五册就是「自強運動」，裏面所收錄的文章，是由十二位專家分别執筆探討自強運動所牽涉的主題，內容和功力均屬一流，但是對於軍備這方面，只有點的提及，沒有整個面的討論，而軍備却是整個自強運動的重心與目標。

至於有關軍備的專著中，當今研究清代的權威之一——王爾敏先生有「清季兵工業的興起」及「清季軍事史論集」兩本精彩的論著，前者對清代的兵工業做了一個很完整的整理，對研究清代軍事者頗有裨益；後者則將清代兵制的流變做了一個總整理，這兩本書都突破了前人的研究範圍，對後人有很大的啓發作用，但是很可惜的，對於本時期的軍備也沒有很周備的論述。當然王先生的著眼點並不在此，使得此一主題有遺珠之憾。尤其本期的海軍建設是當時整個運動的焦點所在，對於當時海軍的教育、訓練、制度、武力等應當有一明白的探討，可惜此二書却很少提及。基於以上的認識，我想將整個運動中有關軍備的資料加以搜集、整理，並分析其得失，探討其影響，使大家對當時的整個軍備，有一整體性的概念，由此或許更能瞭解自強運動之所以失敗的原因。

第二節　內容述要

本文主要是根據當時整個軍備的內容，依其性質不同而分列章節，其內容主要包括：

一、對當代時勢的介紹：這是本文最開始的部分，目的要使讀者了解當時的時勢及整個國家的經營情形。首節先從當時的政治、經濟、社會等情況，作扼要的敍述，以便使讀者對本運動的產生原因有一印象。在第二節中，本人試從學術思想的內在理路，去闡述當時如何由乾嘉考據學，轉而爲今文經學；再由今文經學，蛻變爲自強運動，以見當時知識分子如何從急遽變化的世局中，尋求救國的方案。文中對各自強運動領導人物的思想淵源、抱負，及其對武備的主張與後世的影響，皆加以論述。

二、對當時兵工廠之介紹及當時武器種類之探討：共列爲一章分兩節，首先將前人所著之論文、期刊、專書等，取其相關之材料，再將這些零碎之材料，按年代或種類性質，分門別類，依其先後順序一一列出，使它變得有系統而且一目了然。

三、對海軍方面的探討：包括整個海軍的成立過程、教育制度、武力裝備等，首先依年代先後將海軍成立之大事記要，逐一列出，然後再探討海軍平時的教育情形，以便能明瞭近代海軍的軟體，再就當時的武力艦隊，依其武力來源及其組成的過程，分佈的情形等一一敍述，裨便能對當時海軍有一整體的認識。

四、對陸軍方面的探討：本章也是依照研究海軍的方法而作，但有一點不同的是，當時陸軍的系統過於龐雜，同時有好幾支不同系統和制度的軍隊存在，因此本章只得依當時之事實做一種概略的陳述，然後漸漸導入當時最主要的陸軍武力，就其組織、訓練，及演變再詳細介紹。

末章則以上述各部分之得失檢討作爲本文之總結，希望藉著這些事實，給予後來的研究者有所助益與啓發。

第二章　自強運動的背景

第一節　晚清政局概述

「內憂外患」可說是晚清政局的最佳寫照，在對外方面，從鴉片戰爭、兩次的英法聯軍，所訂下的南京條約、中英、中法的天津條約、北京條約……等等，無一不在在顯出大清帝國的衰落和弊病叢生，其後又有日本侵佔琉球、派兵犯台、英人馬嘉理事件、中法甲申海戰等等並不算大的事件，却更反應出整個帝國政權的無能和無力感罷了。至於對內而言：由於乾、嘉以後府庫逐漸空虛，加以道、咸之際屢屢對外用兵，軍備浩繁，並且鴉片洋貨換走了中國大量的白銀，以致民生艱困，百業凋敝，終於爆發了一場歷時十餘年，造成帝國基業根本動搖的大亂—太平天國之亂，清帝國費盡九牛二虎之力，耗盡無數生靈及財貨，終於平息了這場亂事，但是接連不斷的捻亂、回變，使得整個社會動盪不安，帝國生存岌岌可危，在這樣的環境激盪下，自然就有人提出很多的補救措施。窮是人最怕的，一個國家尤其怕，因爲窮是一切禍亂的根源；弱是人所羞辱的，尤其一個以天朝自居的政權更是難受。爲了怕窮，怕弱，於是就要求富求強，清代的自強運動就在這兩大目標的要求下，自然的產生了。以下分別從當時的經濟、政治、社會等情況來介紹當時的政局，以便使我們對自強運動的背景能有多一點的認識。

一、就經濟而言：

在道光以前，中西間尚未大通，故經濟性質是屬於閉關自守，自給自足的形態，因為南京條約以前的中國對外貿易，既不受任何條文的約束，也沒有絕對的需要，全是一種施恩的行為，故沒有什麼重要物質須假手於外人，但南京條約以後，外人不但有條約的根據，且又有稅則的保障，因此貿易的發展，一日千里。對中國而言，不但門戶洞開，且又因鴉片的合法大量輸入，使得紋銀大量外流，導致國民生計日艱；再加上兵敗於外，而亂釀於內，髮捻回疆等戰後，其損耗國家社會經濟不可以數計，眞是如李鴻章所說：「為三千年來之大變局。」而咸、同以後，由於新政的推行，所費尤多，雖然海關釐金等收入亦增加不少，但依舊入不敷出，於是不得不事事搜括，導致民生凋敝。以下就從三點來說明當時經濟情況：

㈠就歷史背景而言：我國從秦漢以來，始終是一種專制政體，而且都是以漢族為中心的國家，至於四周的小邦，大都是文化較落後的民族，故幾千年來的環境，造就了一個大一統國家的地位，因為它是大一統的國家，所以它的立國方針，以長治久安為主要，以富國強兵為大忌，尙率由而重改作，貫述古而薄謀新（註一）。因其為始終一貫之專制政體，故其政治精神，先三綱而後五倫，利柔順而惡奮發，務防弊而少興利，這樣的一種精神，反應在理財上，則自然就崇本而抑末，務節流而不急開源，戒進取，而敦止足，要使民無凍餓而有以劑豐歉，供租稅而已。這些特點，愈演愈烈，晚清尤其到了高峯，因此幾千年來的農業社會，幾乎沒有什麼變遷，正是所謂：「土地日闢，而人民不被其利；民日加多，而國家無以爲用」的情形。相反的，西洋諸國從工業革命發生以後，隨著機器的廣泛利用，至少在經濟上，已由原先的農業經濟時代，一變而成爲工業經濟時代。這樣強烈的對比，隨著敎士的宣傳和船堅砲利的支持，又有和中國訂立各種條約的保障，中國人的經濟焉有不受制於外人的道理？

㈡就一般經濟狀況而言：這裡所謂的一般經濟狀況，是指就農、礦、工、商、交通等方面而言。

就農業方面，因中國自古以農立國，故歷代的政府皆視農事爲國家首要之政，尤其在農業經濟的時代，因規模組織的簡陋，生產技術的保守，凡田制、農具、選種、施肥及生產方法等都爲時代所限，但從工業革命以後，洋人的工商產品湧入中國市場，他們以大量的生產以及較廉價的價格取代了中國農產品的競爭力，迫使農民爲了生活，不得不也以不足成本的價格去和洋人競爭，其結果是可預見的，這樣一來昔日農民在百業中佔最大多數，田賦是國家收入的最大來源，而今則因農民日漸貧困，甚至於轉徙逃亡，而國家的收入轉以關稅釐金爲最大宗。但是，農業是不能廢的，而由於數千年來固定生產方式的觀念，深植於大多數人民的腦海，要學西人的改良是不可能的，所以晚清的經濟在農業上的發展是最難的。至於礦業方面，在以往，除把礦業視爲鼓鑄用具外，從未視爲富國之要政，故歷代多持封禁的政策，鴉片戰爭後，才開始有開礦助餉之說，至咸、同以後，礦利富國之論，始漸普徧，但是由於本身缺乏優良的技師，以及開採的技術和開採器械的簡陋，加上人爲的辦理不善，官吏的貪瀆，所以成效也是相當有限。工業方面，由於本身是農業國家的經濟，所以他所能發展的只不過是小手工業罷了，而西人則憑其優良的工業技術和科技文明，迫使中國當時的小手工業不堪一擊，而任人宰割。商業方面，由於傳統的崇本抑末，重農賤商的政策，使得歷代的商業發展，受到絕對的限制，往往只是被政府當作懷柔外邦的羈縻之策而已，再加上道光中葉以後，因大量鴉片的輸入，發生紋銀外流的恐慌，鴉片戰爭後，門戶洞開，各國既獲自由通商之權，稅則復載於條約之中，遂開喪權失利之端。中英、中法天津、北京條約以後，外輪徧行內河、通商口岸，及城邑皆准洋商設廠製造，不收進口稅，只收出口半稅，於是華商都成為洋商的奴役，非但不能與之競爭，即使連什一之利也拾洋人之遺唾罷了。於是國家歲收受漏卮之害，萬民日感貧困之苦，其情況可想而知。

㈢就國計民生而言：晚清財政最引人注意的有三處：

1. 度支狀況。

2. 對外貿易的漏卮。

3. 賠款。

就度支情形觀之，可發現兩種特徵：

⑴歲計數目較以前各朝激增。

⑵歲出歲入的不能相抵。

就前項而言，如以清初順治朝歲計情形，以九年數目為例，則歲入除米、麥、豆之征本邑者外，合地、丁、塩課關稅年款為二千四百三十八萬餘兩，歲出合諸路兵餉、王公官俸，及各省留支驛站等費為一千八百餘萬兩（註二）。經康、雍兩朝，至乾隆三十一年，為時約百年之久，其歲入總數僅增至四千數百餘萬兩，歲出總數亦僅增至三千數百餘萬兩而已（註三），到了道光，歲出歲入之數，因守乾隆例定之舊，且各有所減（關稅收入則大增于舊），特軍需河工賑務賠款之用，及歷次事例之開，楚商等報效，修河工料之攤征等，凡為不時之入與供不時之出者，為數均鉅而已（註四）。以上皆言道光以前各朝歲計情形不甚懸殊。到了後來咸、同兩朝例定歲出、入數目，雖無確數可考，但以客觀環境來看，當時整個歲計情形常較以前倍增，因當時連年用兵，波及全國，即軍費一項，當已可觀，以光緒十年戶部奏更定歲出歲入，以光緒七年一年詳細册底為據，可看出本項的特徵，光緒七年歲入總數，除去蠲緩未完各數，通計共收銀八千二百三十四萬九千餘兩，歲出總數除去欠發未報各數，通計實出共支銀七千八百十七萬一千餘兩，而且錢收、糧收、錢支、糧支，尚未計入，（註五）和前期的四千多萬相比顯然超出很多。

至於歲出歲入不能相抵的情形，如光緒十年戶部有奏陳開源節流章程疏一摺云：「髮捻平後，西路海防兩處用尤浩繁，一歲所入，不足供一歲之出，又十五六年矣。」（註六）可知，從同治六、七年以後，一歲所入已不能抵一歲之出。而且，因為平定髮捻時期，還有二次英法聯軍之役，即軍費一項，當亦較髮捻平後為倍數，只是以前多屬於地方，現在則取之於戶部罷了。這些論述已足以證明晚清政府歲計出入不能相抵的情況。然一國的歲計，屢屢增加不正常的支出，而缺乏正常的收入，政府又不得不搜括羅掘，補苴彌縫以求數字上的適合；而實際歲出歲入又甚懸殊，晚清財政的困難已完全暴露出來。

就對外貿易的漏卮言之：中國對外貿易上的漏卮，初期在鴉片，其後則在一般之貿易。蓋自嘉慶中葉以後，鴉片之輸入遞增，至道光朝，其勢益速，較以前各朝之數量，高出千百倍，道光十八年，鴻臚寺卿黃爵滋首發嚴禁之議，其謂僅廣東一口，歲漏銀三千餘萬兩（註七）。以中國有用之財，塡海外無窮之壑，到了後來則正如林則徐所說：「使數十年後，中原幾無可以禦敵之兵，且無可以充餉之銀。」（註八）但是鴉片戰爭後，締結合約之時，主事者愚昧庸懦，約中雖未言及鴉片問題，然其實已經默許其輸入，故以後鴉片之輸入繼續增多，爲害更烈，直到光緒初年，輸入數量始逐漸下降。可是，代之而起的則是一般貿易品中的棉貨。由於受西貨挾工業文明的優勢大量傾銷的結果，使得政府年年入超，對外貿易愈發達，國家國民經濟愈受損耗。原因很簡單，因爲中國是一農業經濟國家，輸出的都是原料，而輸入的都是工業製品，實乃被動式的貿易，故終不免於資本主義帝國的侵略和剝削。

就賠款一項言之：清代之賠款，大都是在軍事上失利或戰敗，而付予對方的代價，從道光朝的南京條約開始賠給英人二千一百萬兩，咸豐朝的庚申之約，賠了一千六百萬兩，光緒朝的伊犂之約賠了六百餘萬兩等等，加起來也有幾千萬兩，這些都是迫使國家財政窘困的原因。

由上文之論述，可知清廷在經濟方面可說到了弊病叢生、府庫空虛、民不聊生的境地（註九）。

二、就政治社會而言：

在社會上，由於帝國主義的政治侵略和經濟壓迫，新文化的介入，生產條件、技術、方式的改變，所引起的社會階層的重組，財富與土地的再分配，人民生活情況的變更，都導致傳統社會規範的解體，其遭受破壞最烈者莫過於儒家的一套社會倫理體制。今人高達觀在其中國家族社會之演變一書中歸納出三點：

㈠家族社會之經濟的崩潰

㈡家族社會之政治的崩潰

㈢家族社會之法律的崩潰

就第一點而言：晚清自五口通商以後，西洋工業產品，挾武力以侵入中國市場，關稅受其協定，運銷資以便利，物美價廉，源源而來，日增不已。我國固有的農業小手工業經濟，全被其擾亂。當時雖然有一小部分的工業，傳自西洋的工業社會，即採用新式機械，從事生產事業，但是由於此種新興的小工業力量過於薄弱，根本不能和外人相抗。所以在中國的市場中，即使遠在窮鄉僻壤，也無不充斥著洋貨，這樣的結果使得中國以往一向獨立的小手工業，也不得不被外人取代。從晚清幾十年中的棉布需求量就可知其一般。男耕女織，原本是中國人之傳統職業，現在，既不能換業以自給，生活也倍加艱苦。一個男人已無能力瞻顧家室，更何況族人，不但大家庭的社會制度面臨解體，連一家之聚也逐漸不保。由社會之基層往上溯，整個社會結構那有不崩潰的道理！（註一〇）

就第二點來看：中國以往家族制度之所以能維持長久者，以家族族長握有政治的威權，可以制法

（所謂家法）、命令及判決，對屬下有左右生死的權力，政府默認其權，不加干涉。家庭實等於一個小王國，其首長即爲此小型政治團體的統治者，故父曰嚴君。來璧（Paul Lapie）在其家庭中的婦女（La femine daus La famille）一書中說：「在中國，中央政府的權力薄弱，樂於在全國撒下一個財政的及法律的管理之網，其網眼則甚爲寬大，祇可籠罩著一般家庭，而讓各個人從中漏脫。」蓋歐人之眼光視我們政治組織之分子，不是個人而爲家庭，政府權力，不能滲入父子兄弟夫妻之間。至清季受西洋學說及政體的影響，此種傳統家庭已根本動搖。因家族首長之權力，新學家認爲應屬於政府，而不應放任於家族之宗主。個人有其應有的自由，不該受家長的支配，於是家族社會之政治基本觀念，遂破壞無餘。（註一一）

就第三點來看：由於前兩者的崩潰，當然法律制度也不能倖免。因爲法律的制定，是根據事物的本質而來的，清季家庭社會所憑藉的政治經濟的基礎都已崩潰，當然法律也隨著轉變了。

此外，更由於「天下」的觀念改變了，重農轉爲重商，學校代替了舊式書院，這一切等於逼使整個社會放棄了實現儒家社會規範的基本條件，士這個階層也終於無法抗拒時代的演變和社會的變遷，在退却的過程中，喪失了原有的優越地位，若要跟隨時代而進展，那就必須擺脫靜態社會的保守性，而屹立於社會動態、文化衝激和國際紛擾之中。再者，就社會整體而言，舊的風俗習慣與文物制度的逐漸消解，新的風俗習慣與文物制度的逐漸形成，均使舊的規範逐漸消失，而新的規範又無法及時建立，終使整個社會無法挽回。

至於政治方面，則由於前面經濟的衰竭及社會的混亂，而導致整個政治的黑暗，不但反應在當時動盪不安的社會裡，更激起全國各處大大小小的戰亂。以下就當時官吏的剝削這一點來說明當時的政治情形：

清人金文榜在其與彭通政論去差徭減重賦書中謂：「官中苟取一物，輒費民間數倍，此即由於官吏胥役層層剝削事事侵蝕也。」又陳虬在經世博議變法簡論稅則一節亦云：「國家歲入有常，猝逢意外之需，不得不取資於捐輸釐餉，然皆一取之於民也，捐輸則報效於國者千，取償於下者萬，釐餉則民輸於官者十，官得於民者一，餘悉供魚利之徒中飽耳。」（註一二）另外，邵作舟危言薄歛篇亦說：「百物之稅，民之所出者十，而入於縣官者一，田宅雜畜之稅，則民所出者千百，而縣官或不得一焉。大抵今州縣所恃以爲其官之肥瘠者，雜賦其大端也。」（註一三）以上諸說皆是當時士人得之見聞，信而有據的記載。由此不難想像官吏剝削人民的嚴重情形。這使民怨日生，也動搖了國本。當時有句俗話說：「三年清知府，十萬雪花銀。」可見其剝削人民之甚。政治的不安定，導致社會秩序的失調，經濟情況的惡化，這三者是因循且互相牽引的。在這樣多災多難，百病叢生的背景中，一般對國家民族懷有志向和理想的士大夫，很自然的就要求去改革這些弊病，而根本之圖就是在求富、求強，晚清的自強運動也就很自然的發生了。

【附註】

註　一　見嚴復撰：「上皇帝萬言書」。在「嚴幾道詩文鈔」（台北縣，文海出版社，近代中國史料叢刊第四一七冊），卷五，頁一。

註　二　見「清史」（台北市，國防研究院，民國五十年二月），卷一二六，食貨志六，頁一五三九。

註　三　同註二。

註　四　同註二。

註　五　同註二。

註　六　見葛世濬編：「皇朝經世文續編」（台北市，國風出版社，民國五十三年六月，影印光緒戊戌中夏上海書局石印本），卷二六，頁一。

註　七　見黃爵滋撰：「請嚴禁鴉片摺」。該摺謂道光三年以前，廣東一口每歲漏銀不過數百萬兩，自三年至十一年，歲漏銀一千七、八百萬兩；自十一年至十四年，則達二千餘萬兩。自十四年至十八年則至三千萬兩。此外，福建、江浙、山東、天津各口，合之亦數千萬兩。詳見文慶纂修：「籌辦夷務始末」（台北市，國風出版社，民國五十七年五月，初版），道光朝，卷二，頁二八——二九。

註　八　見林則徐撰：「重禁喫鴉片」。收入「林文忠公政書乙集」（家刻本），湖廣奏稿，卷五，頁一二。

註　九　以上經濟一項，參閱趙豐田撰：「晚清五十年經濟思想史」（台北市，崇文書店，民國五十六年十月，初版），頁一——一三。

註一〇　見高達觀撰，「中國家族社會之演變」（台北市，里仁書局，民國七十一年三月），頁八二——八三。

註一一　同前書，頁八三——八四。

註一二　見陳虬撰：「經世博議」（光緒十九年甌雅堂刊治平通議本），卷一，頁七。

註一三　見邵作舟撰：「危言」（光緒二十四年商務印書館鉛印本），薄斂下，頁二四。

第二節　晚清初期士大夫的抱負及其影響

清代乾、嘉時期的考據之學，其特色只講章句訓詁，自以爲可矯宋儒鑿空說理之病，訾議程、朱而宗服、馬、許、鄭等漢儒，故又自稱漢學，其優點則在求古訓之明，即馳心於一名一物、一字一音之間，對於前儒的義理，及先代的經典，有考謬正誤之功，然其弊則使天下英材群鑽故紙，於身心家國了不措意，於是激起有理想才智的學者之不滿，乃起而求變。變的途徑有二，一是返於宋學的路綫，宋學可分爲三派，一是陸王一派，一是程朱一派，一是浙東的史學和事功一派。陸王一派，由於清儒沉溺於故紙堆已久，學者乃將陸、王「反求本心」的看法提倡起來，而視六經爲糟粕，以拋卻經典文獻的束縛。但當時問題的癥結並不在此，所以此派的影響力並不大。而程、朱一派的，主要起於湖、湘之間，如唐鑑、羅羅山等，蓋有清一代，湘、湖之間考據之風最薄，故能由書本而反求於身心。只是它興起的時間已在道光晚年，爲時稍晚。至於浙東一派的，因爲清初之文字獄屢興，所以一般士人尚心有餘悸，且辯王霸、爭漢唐、議制度，不但是異族政權所不喜歡，抑且爲中國儒生所不取，所以首繼浙東之學者，係史學而非事功，如邵二雲、章實齋等輩。以上三派，實在不能滿足當時人士的需求，於是另有一派的人，復從東漢而上溯西漢，這就觸及公羊之學了。所謂公羊之學，它的特色是漢學，但它沒有訓詁的瑣碎，也講義理，但是沒有理學的空疏。這很合清儒厭鑽故紙而不忍遽棄故紙、菲薄宋儒而又思求義理的胃口。

公羊學說的重心在三科九旨，這乃是籠罩春秋一經的基本觀念。依何休的解釋，這三科九旨包括三個部分：即一科三旨、二科六旨、三科九旨。一科三旨是指新周、故宋、以春秋當新王這個階段；二科六旨是指所見異辭、所聞異辭、所傳聞異辭的階段；三科九旨是指內其國而外諸夏、內諸夏而外四夷、天下遠近大小若一的階段（註一）。再詳細說來，所謂一科三旨，公羊學者以爲孔子之作春秋，乃視「春秋時代」爲繼周而起之新王朝，此新王朝即爲魯，而孔子爲此新朝之王，即所謂「以春秋當新王」也。春秋既爲一新王朝，乃改禹爲帝禹（不稱爲夏），錄其後以小國，是謂「繼夏」。封殷周二代以大國，是謂「新周」、「故宋」。則新周、故宋、以春秋當新王者，乃孔子之通三統也。然孔子究非一現實之王，凡此繼夏、新周、故宋，僅能藉修改魯史之書法以表現之，是謂之「存三統」（註二）。

至於二科六旨者：即所見異辭、所聞異辭、所傳聞異辭。何氏以爲春秋二百四十二年中，魯國共歷十二君，此十二君中，孔子所及見者爲昭、定、哀三公，是謂所見世。孔子所不及見而能由前輩以聞知者，爲文、宣、成、襄四公之事，是謂所聞世。並無耆老可詢，僅能由記載傳說以知之者，爲隱、桓、莊、閔、僖五公之事，是謂所傳聞世。這二百四十二年之事，既有所見、所聞、所傳聞之不同，故春秋記載之文詞亦有異。然何氏又以爲此種「異辭」，乃孔子「微意」之所在。即於所傳聞世，見治起於衰亂之中；於所聞世，見治升平，至所見之世，著治太平。明此據亂、升平、太平三世之義，

謂之「張三世」。（註三）

至於三科九旨的「內其國而外諸夏，內諸夏而外四夷，何氏以為春秋書法，於據亂之世，僅詳魯國之事，而略中國境內之其他諸侯，謂之內其國而外諸夏。至升平之世，則詳及中國境內之諸侯，而略中國以外之夷狄，謂之內諸夏而外四夷。至太平之世，則夷狄進至於爵，天下遠近大小若一矣。合此三者，謂之「異外內」（註四）。以上是公羊學說中三科九旨的思想大概。至於公羊學說多尙微言大義，大義者，於當時行事皆裁之於禮義也；微言者，孔子為萬世法而不便時王者也。簡單的說，就是一種經世之學，就是擧凡國家社會，不論政治、經濟、社會……等等都給予關懷，而懷有抱負的一種態度。其次，再述及淸代公羊學說的演變及其影響。

淸代公羊之學說始於莊存與、孔廣森。莊字方耕，號養恬，江蘇武進人。乾隆十年進士，官至禮部左侍郎，享年七十歲。孔字衆仲，號撝約，又號顨軒，山東曲阜人，乾隆三十六年進士，享年僅三十五歲，英年早逝，故其後繼無人。傳方耕之學者有子孫數人，其中以述祖為最。述祖字葆琛，乃方耕之侄，乾隆四十五年進士，嘉慶二十一年卒，享年六十七，葆琛有甥曰劉逢祿、宋翔鳳，劉字申受，嘉慶十九年進士，曾官至禮部主事，道光九年卒，享年五十四。其生平著作甚富，屬春秋者有十餘種，專與何氏一家之言。宋翔鳳者，字于庭，江蘇長州人，嘉慶五年擧於鄉，大挑泰州學正，旋改安徽旌德訓導，保知縣，試吏湖南，歷任劇邑，以州牧致仕。咸豐十年卒，享年八十七。所著論語說義屬公羊之說（註五）。

當劉逢祿在京師時，有兩個人來受教於他的門下。這兩人從公羊思想中所得之啓發，開啓了自強運動興起的前奏，即龔自珍和魏源。龔字璱人，號定菴，更名鞏祚，浙江仁和人，生於乾隆五十七年，卒於道光二十一年。魏源字默深，湖南邵陽人，生於乾隆五十九年，卒於咸豐七年（註六）。他和龔自珍一樣是清末改良主義的先驅人物。兩人之思想綱要將於後文詳細介紹。另凌曙也投身劉逢祿門下。凌字曉樓，一字子昇，江蘇江都人，國子監生，著有公羊禮疏、春秋繁露註等。道光九年卒，享年五十五歲。

清世公羊之學，至劉、宋而始大。劉之門人，龔、魏二人名高而無傳人；凌氏則有陳立；宋之門人晚年有戴望傳其學。劉、宋、龔、魏之後，聞聲相和者日衆，如包愼言、王闓運等皆是。闓運後傳廖平，廖傳康有爲，康傳譚嗣同、梁啓超、皮錫瑞等，如是公羊之學廣被全國，爲晚清學術的主流，影響了當時之士人，以下列一系表說明其流變：

孔廣森

莊存與─莊述祖
- 劉逢祿
  - 龔自珍
  - 魏　源
  - 凌　曙─陳　立
- 宋翔鳳
  - 戴　望
  - 包愼言
  - 王闓運─廖　平─康有爲
    - 譚嗣同
    - 梁啓超
    - 皮錫瑞

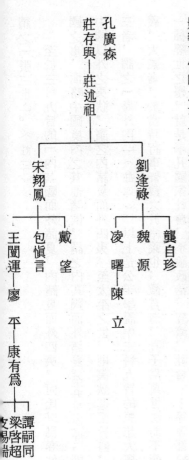

現在，讓我們詳細介紹龔自珍和魏源。他們的思想，啓蒙了清代的自強運動，影響了當時很多的士大夫。他們爲中國現代化的脚步，作了催生的工作。

一、龔自珍：

龔氏是鴉片戰爭前夕，滿清王朝粉飾太平階段中，一位有理想、有識見的社會政治思想家。他在年輕時即懷有經世濟民的理想，從封建社會的危機以及西方帝國主義侵逼的潛在險象裏，深刻檢討傳統封建政治的病症，從而發展出他的社會批評論，企圖挽救社會衰象，並且開風氣之先，要求改革現狀，呼籲變法，甚至隱藏革命的思想於其寓意深遠的文字中，他是清代自強維新的先驅人物，以下分兩方面來看他的經世思想。

㈠對時政的思想：龔氏幼承家學，由其外祖段玉裁「二十一經」之說（註七），尊史爲經，與章學誠「六經皆史」之說互爲表裏，且又特重地理學，其治學有顧炎武之遺風，故其持論充滿經世濟民之心。二十三歲時作「明良論」四篇，已充分顯出論時政的鋒銳之氣，段玉裁見之，有「吾且耄，猶見此才而死，吾不恨矣」之語（註八），可見其推重與激賞。其中第二篇指責當時讀書人多染官場之氣。他說：

士皆有恥，則國家永無恥矣；士不知恥，爲國家之大恥。歷覽近代之士，自其敷奏之日，始進之年，而恥已存者寡矣！官益久，則氣愈媮；望愈崇，則諂愈固；地益近，則媚亦益工。至身爲三公、爲六卿，非不崇高也，而其於古者大臣巍然岸然師傅自處之風，匪但目未覩，耳未聞夢寐亦未之及。臣節之盛，掃地盡矣……士無恥，則名之曰辱國；卿大夫無恥，名之曰辱社稷。……窃窺今政要之官，知車馬、服飾、言詞捷給而已，外此非所知也。清暇之官，知作書法、賡詩而已，外此非所問也。……疾病歸田里，又以科名長其子孫，志願畢矣。且願其子孫世世以退縮爲老成，國事我家何知焉？嗟乎哉！如是而封疆萬萬之一有緩急，則紛紛鳩燕逝而已，伏棟下求俱壓焉者尟矣。（註九）

從這段話可看出年輕時的龔自珍，對當時士大夫之不關國事已深致不滿之意。以爲士不知恥，乃國之恥。另外，在第四篇中，則指出封建政制的病狀，並反對統治者用高壓的手段來束縛羈縻人民。他說：

伏見今督、撫、司、道，雖無大賢之才，然奉公守法畏罪，亦云至矣，蔑以加矣！使奉公守法畏罪而遽可爲治，何以今之天下尙有幾微之未及於古也？天下無巨細，一束之於不可破之例，則雖以總督之尊，而實不能以行一謀、專一事。夫乾綱貴裁斷，不貴端拱無爲，亦論之似者也。然聖天子亦總其大端而已矣。至於內外大臣之權，殆亦不可以不重，權不重則氣不振，氣不振則偷，偷則敝。權不重則民不畏，不畏則狎，狎則變，待其敝且變，而急思所以救之，恐異日之破壞條例，將有甚焉者矣。（註一〇）

對於當時事權不一，官官相委的弊病及其後果很直切的提出來，後來的太平天國之亂，證明了龔氏的先見之明。他對於政府的體制，在理想上是嚮往古代三公的坐而論道，亦即是反對皇權專制。龔氏又說：

坐而論道，謂之三公。唐、宋盛時，大臣講官，不輟賜坐，賜茶之擧，從容乎便殿之下，因得講論古道，儒碩興起，及據（或作「其」）季也，朝見長跪，夕見長跪之餘，無此事矣。不知此制何爲而輟，而殿陛之儀，漸相懸以相絕也。（註一一）

這段話裏，也隱約的看出他並不喜歡皇權太過於專制，基於對政治的理想，他進一步的提出變法的主張。他的主要是表現在「乙丙之際塾議」裡，他說：

夏之既夷，豫假夫商所以興，夏不假六百年矣乎！商之既夷，豫假夫周所以興，商不假八百年矣乎？無八百年不夷之天下，天下有億萬年不夷之道。然而十年而夷，五十年而夷，則以拘一祖之法，憚千夫之議，聽其自陊，以俟踵興者之改圖爾。一祖之法無不敝，千夫之議無不靡，與其贈來者以勁改革，孰若自改革？抑思我祖所以興，豈非革前代之敗耶？前代所以興，又非革前代之敗耶？何莽然其不一姓也？天何必不樂一姓耶？鬼何必不享一姓耶？奮之，奮之！將敗，則豫師來姓，又將敗，則豫師來姓。易曰：「窮則變，變則通，通則久。」非爲黃帝以來六七姓括言之也，爲一姓勸豫也。（註一二）

此外，他更循著這個理論，提出了「探世變」的觀點，他說：

智者受三千年史氏之書，則能以良史之憂憂天下，憂不才而庸，如其憂才而悖；憂不才而衆憐，如其憂才而衆畏。……探世變也，聖之至也。（註一三）

他這些觀點，後來成爲自強運動的基本出發點；雖然，當時的權貴並不能深刻體會他的深謀遠慮，但是後代的自強人物無不受他的影響。

以上是龔氏對時政的見解。我們可再從他的「尊隱」這篇文章中看出他的心境，尊隱是他最重視的文章之一，我們更可以看出他企圖改革及寄望於人民的矛盾心境。他說：

貴人故家蒸嘗之宗，不樂守先人之所予重器；不樂守先人之所予重器，則窶人子篡之，則京師之氣洩；京師之氣洩，則府於野矣。如是則京師貧；京師貧，則四山實矣。古先冊書，聖智心肝，不留京師，蒸嘗之宗（子）孫，見闒媕婀，則京師賤；賤，則山中之民，有自公侯者矣。如是則豪傑輕重京師；輕量京師，則山中之勢重矣。如是則京師如鼠壤；如鼠壤，則山中之壁壘堅矣。京師之日（苦）短，山中之日長矣。風惡，水泉惡，塵霾惡，山中泊然而和，冽然而清矣。人攘臂失度，啾啾如蠅虻，則山中戒而相與修嫻靡矣。朝士寡助夫親，則山中之民，一嘯百吟，一呻百問疾矣。朝士僝焉偷息，簡焉偷活，側焉徨徨商去留，則山中之歲月定矣。多暴侯者，過山中者，生鐘簴之思矣。童孫叫呼，過山中者，祝壽耇之毋遽死矣。其祖宗曰：我無餘榮焉，我以汝爲殿矣。其山林之神曰：我無餘怒焉，我以汝爲殿矣。俄焉寂然，燈燭無光，不聞餘言，但聞鼾聲，夜之漫漫，鶡旦不鳴，則山中之民，有大音聲起，天地爲之鐘鼓；神人爲之波濤矣。（註一四）

他以爲朝廷失道，必有「山中之民」起。意謂民間起事，民意是能「一嘯百吟」的，滙集起來必能成「大音」。這「大音」就是民意的眞正所在，這是革命的先聲，是改革的前奏，也是他主張變革的眞正用意。

㈡對經濟和國防的主張：由於龔氏年輕時即富經世思想，所以對於周遭的事物，不論在時政上或經濟、國防上，莫不寄予關懷。他二十五歲時就寫成了「平均篇」一文，已從經濟上去追究歷代土地分配的重大問題。他認爲解決社會的貧富差距，根本之道就是從土地分配平均上著手。在思想上，承襲了儒家「不患寡而患不均」的均平思想，他考查歷史的現象，認爲：

大略計之，浮不足之數相去愈遠，則亡愈速；去稍近，治亦稍速。千萬載治亂興亡之數，直以是券矣。（註一五）

貧富的太過懸殊，正是國家動亂的根源，而貧富的決定主要在於土地的多寡，所以他主張調節土地分配，在農宗篇中，他提出了「宗法公社」的理想。龔氏說：

百畝之田，不能以獨治，役佃五；餘夫二十五畝，亦不能以獨治，役佃一。大凡大宗一，小宗若群宗四，爲田二百畝，則養天下無田者九人。然而天子有田十萬畝，則天下無田亦不饑爲盜者，四千有五百人。大縣田四十萬，則農爲天子養民萬八千人，十一之賦尚不與，非以德君也；以德而族，非以德族也；以食有力者，佃非仰食吾宗也，以爲天下出穀。然而有天下之主，受是宗之福矣。（註一六）

以上是對經濟方面的主張。此外在國防上，他特別注意當時的邊疆，有「東南罷番舶議」及「西域置行省議」兩文，最能代表他的國防思想；前者今已亡佚，然從其「送欽差大臣侯官林公序」中可看出其大意，大抵不外是憂患帝國主義國家輸入鴉片以及奢侈品以換取民生原料，並使得中國銀錢漏出海外之事。他認爲：

中國自禹、箕子以來，食貨並重。自明初開礦，四百餘載，未嘗增銀一釐。今銀盡明初銀也，地中實，地上虛，假使不漏于海；人事火患，歲歲約耗銀三四千兩，況漏于海如此乎？（註一七）

又說：

漢世五行家，以食妖、服妖占天下之變。鴉片煙則食妖也。……食妖宜絕矣，宜并杜絕呢羽毛之至，杜之則蠶桑之利重，木棉之利重，蠶桑、木棉之利重，則中國實。又凡鐘錶、玻璃、燕窩之屬，悅上都之少年，而奪其所重者，皆至不急之物也，宜皆杜之。（註一八）

這裡，龔氏首開禁鴉片之議，影響後來林則徐禁鴉片烟的主張。他並認爲中國和夷人互市：「大利在利其米，此外皆末也」，所以主張：「宜勒限使夷人徙澳門，不許留一夷。留夷館一所，爲互市之棲止。」（註一九）另外，在「西域置行省議」一文中，則主張藉移民西北以開發地利，以鞏固邊防。他說：

今中國生齒日益繁，氣象日益隘，黃河日益爲患，大官非不憂，主上非不諮，而不外乎開捐例、加賦、加塩價之議。譬如割臀以肥腦，自啖自肉，無受代者。自乾隆末年以來，官吏士民，狼艱狽蹷，不士、不農、不工、不商之人，十將五六；又或飧菸草（按即鴉片煙）、習邪教、取誅戮，或凍餒以死，終不肯治一寸之絲，一粒之飯以益人。承乾隆六十載太平之盛，人心慣於泰侈，風俗習於游蕩，京師尤其甚者。……應請大募京師游食非土著之民，及直隸、山東、河南之民，陝西、甘肅之民，令西徙。除大江而南，筋力柔弱，道路險遠，易以生怨，毋庸議。雲南、貴州、兩湖、兩廣，相距亦遠，四川地廣人稀，不宜再徙。山西號稱海內最富，土著者不願徙，毋庸議；雖毋庸議，而願往者皆往。其餘若江南省鳳、潁、淮、徐之民及山西大同，朔平之民，亦皆性情強武，敢於行路，未驕慣於食稻衣蠶，地尚不絕遠，募之往，必願往。江西、福建兩省，種菸草之奸民最多，大爲害中國，宜盡行之無遺類。與其爲內地無產之民，孰若爲西邊有產之民，以耕以牧，得長其子孫哉！（註二〇）

這裡，他特重北方人民強悍的習俗，認爲當政者，宜加以利用，不但可以增加生產，而且可以防止邊患，實是兼有富國和強兵的用意，他的這種構想，李鴻章於光緒十年新疆建省時，曾讚佩的說：

古今雄偉非常之端，往往艸於書生憂患之所得。龔氏自珍議西域置行省於道光朝，而幸大設施於今日。（註二一）

總之，龔氏雖常發先見之議，然因其性格倔強，不爲當權者所好，故終其一生，始終是個小京官。他雖時發議論，然在當時的環境下，不免有「避席畏聞文字獄，著書都爲稻粱謀」之歎。（註二二）他抱有經世濟民之志，然而卻「至竟蟲魚了一生」（註二三），他雖有改革的嚮往，欲「我勸天公重抖擻，不拘一格降人才」（註二四），但最後總是不得不逃情於醇酒婦人之間，由他「沒想英雄垂暮日，溫柔不住住何鄉」可看出他不得已的悲情。他雖然終不免爲當時渾渾的洪波巨流所淹沒，然他變法的主張，改革的思想，已對後人起了啓蒙的作用，正如梁啓超所說的：

今文學之健者，必推龔、魏，龔、魏之時，清政既漸陵夷衰微矣；舉國方沈酣太平，而彼輩若不勝其憂危，恆相與指天畫地，規天下大計。考證之學，本非其所好也，而因衆所共習，則亦能之，能之而頗欲用以別闢國土；故雖言經學，而其精神與正統派之爲經學而治經學者則既有以異。……故後之治文學者，喜以經術作政論，則龔、魏之遺風也。（註二五）

他對後世的影響可謂既深且遠。

二、魏　源：

魏源是另一傳統社會中，追求中國近代化的先驅人物。他處在西方勢力逐步入侵的時代，起先，他也和傳統的士大夫一樣，努力於功名，卻屢試不中。由於他的識見，使他成爲同時代中的獨醒者，更因他的勤苦好學，使他成爲一個詩人、今文學家；又他在政治外交和中外史地的卓越認識，使他成爲中國海防思想的一個啓蒙者。他一生的主張主要表現在三個地方：一是幫當時江蘇布政使賀長齡編「皇朝經世文編」，二是寫成「聖武記」，三是編纂「海國圖志」。

㈠就皇朝經世文編中的思想而言，魏氏此書雖仿自明代經世文編及乾隆年間陸燿之「切問齋文鈔」，但是他編選的原則，則全是以他新穎的思想爲根據，本書所闡發的觀念，無異是魏氏對清代經世思想的宣言。他從搜羅事實，探討方法，知道變通和多方採納意見四點下手，以對前代的政治得失及對後世改革的要點，做一種新的概念分析。他說：

事必本夫心。璽一也，文見於朱者千萬如一，有璽籀篆而朱鳥迹者乎？有朱籀篆而璽鳥迹者乎？

然無星之秤不可以程物，故輕重生權衡，非權衡生輕重。善言心者，必有驗於事矣。法必本於人。轉五寸之轂，引重致千里；莫御之，跬步不前。然恃目巧，師意匠，般、爾不能閉造而出合。善言人者，必有資於法矣。今必本夫古。軒、撓上之甲子，千歲可坐致焉；然昨歲之曆，今歲而不可用，高、曾器物，不如祖、父之適宜。時逾近，勢愈切，聖人乘之，神明生焉，經緯起焉。善言古者，必有驗於今矣。物必本夫我。然兩物相摩而精者出焉，兩心相質而疑難形焉，兩疑相難而易簡出焉。詩曰：「秩秩大猷，聖人莫之，他人有心，予忖度之。」又曰：「周爰咨度，周爰咨謀。」古人不敢自恃其心也如是，古之善入夫人人之心，又善出其人人之心以自恢其心也如是。切焉劘焉，委焉輸焉。善言我者，必有乘於物矣。（註二六）

足見他已有相當進步的思想。此外，在皇朝經世文編的「五例」中，更可看出他經世思想的兩大主張：

1. 是研究當代之制度與其歷史沿革。所謂：「蓋欲識濟時之要務，須通當代之典章；欲通當代之典章，必考屢朝之方策。」

2. 是注重功效與應變技術。「蓋土生禾，禾出米，米成飯，而耕穫舂炊，宜各致其功，不可謂土能成飯也。脈知病，病立方，方需葯，而虛實補瀉，宜各通其變，不得謂一可類推也。」（註二七）

他的這些主張，以後陸陸續續的表現在他的文章中，在他所著的論說條議，如「籌漕篇」上下篇（一八二五至二六）、「籌鹺篇」（一八三九）、「籌河篇」（一八四二）、「錢漕更弊議」（一八四六）等，都有因勢應變以除弊的思想，如「籌漕篇」中論漕糧海運說：

客曰：然則海運其可行乎？曰：天下，勢而已矣。國朝都海，與前代都河、都汴異，江、浙濱海，與他省遠海者異，是之謂地勢。元、明海道官開之；本朝海道商開之，海人習海，猶河人習河，是謂之事勢。河運通則瀆以爲常，河運梗，則海以爲變，是之謂時勢。因勢之法如何？道不待訪也，舟不更造也，丁不再募，費不別籌也。因商道爲運道，因商舟爲運舟，因商估爲運丁，因漕費爲海運費，其道一出於因。（註二八）

這種思想，使他成爲當時最有識見的思想家，更是後代漕運制度的導師。

㈡聖武記：本書主旨，除其治史求眞之興趣外，並欲藉軍事史探究清代盛衰之跡。魏氏言：「溯洄於民力物力之盛衰，人材風俗進退消息之本末」，而得一結論，即清代武功之盛衰，實有其內在之原因，他首言選用人才與法令修明的重要。魏氏說：

今夫財用不足，國非貧，人材不競之謂貧；令不行于海外，國非羸，令不行于境內之謂羸。故先王不患財用而惟亟人材；不憂不逞志於四夷，而憂不逞志於四境，官無不材，則國楨富，境無廢令，則國柄強。楨富柄強，則以之詰奸，奸不處，以之治財，財不蠹，以之蒐器，器不窳；以之練士，士無虛伍。如是，何患於四夷，何憂乎禦侮？（註二九）

並且在末卷「軍儲」四篇中提出興利除弊的具體方策，論除弊則重申漕塩二政之應變法，即應行海運與票鹽。論興利則主張採金銀礦及鑄銀錢。他說：「何謂開源之利？食源莫如屯墾，貨源莫如采金與更幣。」魏氏似於西元一八四〇年左右就已深信當時貨幣制度必須改革。他說：「語金生粟死之訓，重本抑末之誼則食先於貨。語今日緩本急標之法，則貨又先於食。」欲行貨幣改革則首須增加銀產，抑平銀價，其要在開採銀礦。至於開銀礦的制度，則魏氏主張許民開採金銀礦。「但官不禁民之采，則荷鍤雲趨，裹糧鶩赴，官特置局稅其什之一二，而不立定額，將見銀之出不可思議，稅之入不可勝用。」此外，他也注重農業之生產，他說：「貨源既開，食源尤不可不阜。阜食莫大於屯墾，屯墾莫急於八旗生計。」邊疆由八旗屯墾，「並許雇漢農以為之助，則初年不習於農，數載後農牧相安，即可裁其兵粮，以歸禁旅之藉矣。」（註三〇）此乃魏氏對當時社會弊病所持的改革意見。

㈢海國圖志：本書的內容是魏氏最為後世所重視的海防思想。全書初版五十卷，在聖武記之後五個月完成。後來增訂為六十卷，他在六十卷本序中說：

海國圖志六十卷，何所據？一據前兩廣總督林尚書所譯西夷之四洲志，再據歷代史志，及明以來島志，及近日夷圖、夷語。鈎稽貫串。創榛闢莽，前驅先路。大都東南洋、西南洋，增於原書者十之八，大、小西洋、北洋、外大西洋，增於原書者十之六。又圖以經之，表以緯之，博參群議以發揮之。何以異於昔人海圖之書？曰：彼皆以中土人譚西洋，此則以西洋人譚西洋也。是書何以作？曰「為以夷攻夷而作，為以夷款夷而作，為師夷長技以制夷而作。」（註三一）

最後的兩句話已成為傳世之語。全書中以「籌海」一篇被認為最精闢，亦是其海防思想之精華所在，今人王家儉先生在其「魏源年譜」一書中曾詳加分析，最為精要。其要點有四：

1. 曰廣東設立譯館。

2. 曰船廠砲局之設立。

3. 曰新式水師之訓練。

4. 曰於軍用製造之外，應兼民生日用。（註三二）

他的這四個要點，後來無不成爲清季自強運動遵循的圭臬。他不但主張學習西洋武器，且注意及夷人之生產技術。魏氏說：

今西洋器械，借風力、水力、火力，奪造化，通神明，無非竭耳目心思之力，以前民用。因其所長而用之，即因其所長而制之，風氣日開，知慧日出，方見東海之民猶西海之民（註三三）

這是我國最早注意到西人的生產技術的言論。可惜的是後來自強運動的初期領導人物，似乎都沒有注意到這一點，否則，情勢將大爲改觀。此外他也從政治的觀點上主張中國內部問題遠較馭夷爲重要，他說：

明臣有言：「欲平海上之倭患，先平人心之積患。」人心之積患如之何？……去僞、去飾、去畏難、去養癰、去營窟，則人心之寐患袪其一。以實事程實功，以實功程實事。艾三年而蓄之，網臨淵而結之，勿馮河，勿畫餅，則人材之虛患袪其二。寐患去而天日昌，虛患去而風雷行。（註三四）

總之他的海防思想，綜合了他所擷取的政治、外交、軍事、中外地理等而成的救中國的方案。正如王家儉先生所說：「聖武記與海國圖志二書問世後，不數年間，即風行海內，影響所及，自鴉片戰爭以迄甲午，五十餘年，其勢不衰，其所倡之『以夷制夷』、『以夷攻夷』及『師夷之長以制夷』大爲清季留意海防者所重視。」（註三五）

以上乃就當時學術界最有影響力的人物，依其心志及抱負作一大略的敍述。至於他們的思想對後代自強運動的影響，將於本章第三節經世思想影響下的自強運動人物詳加討論。

【附註】

註一 見漢何休解詁、唐徐彥疏：「公羊注疏」（台北市，藝文印書館，民國五十四年六月，三版，十三經注疏本），卷一，頁四。

註二 參見陸寶千撰：「清代思想史」（台北市，廣文書局，民國六十七年三月，初版），第六章清代公羊學之演變，頁二二八。

註三 同註二，頁二二八—二二九。

註四 同註二，頁二二九。

註五 同註二，頁二二三—二二四。

註六 龔、魏二氏之生平，主要參考王曉波等編：「現代中國思想家」（台北市，巨人出版社，民國六十七年十二月，初版），第一輯，龔、魏部分。

註七 段氏二十一經之說，見所撰：「經韻樓集」（台北市，大化書局，民國六十六年五月，段玉裁遺書本），卷九，頁三八，十經齋記。

註八 見吳昌綬編：「定庵先生年譜」。收入「龔自珍全集」（台北市，河洛圖書出版社，民國六十四年九月，初版），頁五九九。

註九 「龔自珍全集」，頁三一一—三一二。

註一〇　同註九，頁三五。
註一一　同註九，頁三一。
註一二　同註九，頁五－六。
註一三　同註九，頁七。
註一四　同註九，頁八七－八八。
註一五　同註九，頁七八。
註一六　同註九，頁五〇。
註一七　同註九，頁一六九。
註一八　同註九，頁一六九－一七〇。
註一九　同註九，頁一七〇。
註二〇　同註九，頁一〇六－一〇七。
註二一　見李鴻章撰：「黑龍江述略序」。
註二二　同註九，頁四七一，詠史。
註二三　同註九，己亥雜詩，頁五一三。
註二四　同註九，己亥雜詩，頁五一四。
註二五　見梁啓超撰：「清代學術概論」（台北市，台灣商務印書館，民國六十一年十二月，台一版），頁一二五－一二六。
註二六　見「魏源集」（台北市，鼎文書局，民國六十七年十一月，初版），頁一五六－一五七。

註二七　同註二六，頁一五八，皇朝經世文編五例。

註二八　同註二六，頁四〇四。

註二九　同註二六，頁一六六，聖武記敍。

註三〇　以上見中央研究院近代史研究所編：「近世中國經世思想研究會論文集」（台北市，該所，民國七十三年四月，初版），頁三六九。

註三一　同註二六，頁二〇六。

註三二　見王家儉撰：「魏源年譜」（台北市，中央研究院近代史研究所，民國七十年二月，再版），頁八四—八五。

註三三　見魏源撰：「海國圖誌」（台北市，成文出版社，民國五十六年影印本），頁四五。

註三四　同註二六，頁二〇七。

註三五　同註三二，頁八七。

第三節　經世思想影響下的自强運動人物

由於環境的激盪，使得晚清的思想形成一股巨大的洪流，這股洪流，普徧的傳播到當時的士大夫心中，公羊學派所強調的經世思想也發揮到極致。當時經世思想的目標不外兩者，就是求富和求強。求富、求強的積極措施，即「自強運動」。

所謂「自強運動」，在時間上是指從咸豐十一年（一八六一）至光緒二十一年（一八九五），即第二次英法聯軍後至中日甲午戰爭這一期間，所有爲求富求強而引發模仿西人一切事務的建設。其間大致可分爲三期：

第一期：從咸豐十一年（一八六一）到同治十一年（一八七二）

第二期：從同治十一年（一八七二）到光緒十一年（一八八五）

第三期：從光緒十一年（一八八五）到光緒二十一年（一八九五）

其建設內容及領導人物：

第一期：領導人物在中央有恭親王奕訢、文祥，在地方上有曾國藩、李鴻章、左宗棠。建設的重點有：

1. 講置外國船砲。

2. 輸入科學知識。

3. 設學校、遣留學生以訓練技術及外交人才。

第二期：領導人物以李鴻章爲主，此期建設的重點在營利性的大企業，如輪船運輸、鐵路、礦務、電報以及派學生出洋留學等。

第三期：領導人物仍以李鴻章爲主，然兩湖總督張之洞、兩江總督劉坤一、海防事務大臣醇親王奕譞等亦佔有重要地位，此期建設的重點乃以海防爲主，另外鋼鐵工業亦有發展。（註一）

以上奕訢、文祥、曾國藩、左宗棠、李鴻章等被後世公認爲整個自強運動的主要人物（註二），彼等之生平，大家皆耳熟能詳，故不煩贅言。只探討其經世思想和對軍備的主張。

一、恭親王奕訢

奕訢是清宣宗皇帝的第六個兒子，是文宗咸豐皇帝的弟弟，此種特殊關係，使得他自然而然就躋身於當時的政治舞台，而且位居要津，歷幾十年而不衰。

恭親王發蒙時，便有志於中興政治之事，他自稱入學讀書時治經讀史之外，粗習聲律。粗習聲律和治世經國並沒有多大關係，主要是他治經讀史方面，他所謂的治經乃是指六經而言，讀史則不出春秋戰國的範圍，他主張文以載道，認爲六經皆載道之文，因此言文者必權輿於經，不論是在論事、說理或因事而記敍，即境而涉筆等皆是從上面的這個目標出發，這就是他所受傳統儒家經世思想的影響，由於這種舊學的薰陶，使得他相信儒家的治國理論—以修身爲根本，他說：

> 自天子以至庶人，壹是皆以脩身爲本。……夫天子，有天下者也；諸侯，有國者也；卿大夫、士、庶人，有家者也。人雖有尊卑，治雖有遠近，然均之爲人，皆當從事於大學，則皆不可以不脩身。……修身而所謂格物也，致知也，誠意也，正心也，皆在其中矣。言行之際，風俗繫焉，威儀之間，法則立焉；小而家，大而國，廣而天下，皆自一身推之。然則身也者，其萬化之基而百行之原乎？……天下之本在國，國之本在家，家之本在身，良有以也。如不脩身，則物之未格，知之未致，是非淆而汩於事幾者多矣，意之不誠，心之不正，僨尤集而失於施措者多矣。（註

三〕

由此繼續發揮，在奉持儒家的君臣觀念裡，他又更進一步的推出禮可以治國的思想，他說：

辨上下而定民志者，禮也。上下之分既明，則威福之權皆出自上，君君臣臣，國本固矣。

以上是他經世思想的本源。至於他發於外，而表現在實際行動的事功，舉凡清代自強運動中一切重要措施，無不經由他，或委命他人而建立，其重要者有：

㈠咸豐十一年（一八六一）建議於北京設總理各國事務衙門，簡稱總理衙門或總署。同年三月十一日啓用關防，正式辦公，並照會各國在北京的公吏或代表，成爲清代或中國的第一個外交部，爲中國的現代化開了端倪。又在上海、天津設立南北洋通商大臣，節制南北洋之通商及洋務。

㈡同治元年（一八六二）建議於北京設立同文館，大量的翻譯及吸收外來的科學知識和製造的原理、方法，爲我國近代最早吸收及傳播西人科學文明的機構。

至於他對軍備的意見及影響最主要見於他的三道奏摺中：

竊臣等酌議大局章程六條，其要在於審敵防邊，以弭後患，然治其標而未探其源也。探源之策，在於自強，自強之術，必先練兵。……若能添習火器，操演技藝，訓練純熟，則器利兵精，臨陣自不虞潰散。現俄國欲送鳥槍一萬桿，礮五十尊，咈國洋槍炸炮等件，均肯售賣，並肯派人教導鑄造各種火器。上海等處，應如何設法雇用洋人，鑄造教導，臣等議覆袁甲三等勦賊摺內聲敍，請飭曾國藩、薛煥，酌量辦理。其天津通商之處，如或可以設法照辦，亦擬籌款辦理。（

註四）

在這一道奏摺中，已率先提出要購買洋槍炸炮，並模仿西人鑄炮的技術等。又主張在上海、天津等地建立負責的機構。

伏思外憂內患至今已極，譬諸木腐蟲生，善治者必先培養本根，本根固而蟊賊自消。臣等辦理外國各事，不過治其枝葉，而蟊賊未能盡去，非拔本塞源之方也，是以上年曾奏請飭下曾國藩等購買外國船礮，並請派大員訓練京兵，無非為自強之計，不使受制於人，然購買船炮之議，曾國藩等現在是否辦理，無從詢知。而當此時事孔亟之時，何可再事因循。（註五）

此奏摺已明白揭示向外國購買船砲之需要，開清代自強運動中向外人購買軍備之先聲。他又主張訓練京兵，使當時陳冗的京兵，向現代化邁開一大步。

查治國之道在乎自強，而審時度勢，則自強以練兵為要，練兵又以製器為先，自洋人構釁以來，至今數十年矣。迨咸豐年間，內患外侮一時並至，豈盡武臣之不善治兵哉？抑有制勝之兵，而無制勝之器，故不能所向無敵耳！外洋如英、法諸國，說者皆知其惟恃此船堅礮利，以橫行海外，而船之何以堅與礮之何以利，則置焉弗講，……適值近年江蘇用兵，雇覓英法洋弁，教練兵勇，該洋弁遂將該國制勝火器，運營應用，取我厚值。撫臣李鴻章不惜重貲，購求洋匠，設局派人學製，源源濟用各營。得此利器，足以摧堅破壘，所向克捷，大江以南逐次廓清，功效之速，無有過於是也。……現在江浙尚在用兵，託名學製以勦賊，亦可不露痕跡，此誠不可失之機會也。若於賊平之後，始籌學製，則洋匠雖貪重値而肯來，洋官必疑忌而撓阻，此又勢所必至者。是宜趁南省軍威大振，洋人樂於見長之時，將外洋各種機利火器實力講求，以期盡窺其中之秘，有事可以禦侮，無事可以示威，即兵法所云先為不可勝，以待敵之可勝者此也。……相應請旨飭下火器營，於曾經學製軍火弁兵內，揀派心靈手敏之武弁八名，兵丁四十名，發往江蘇，交撫臣李鴻章差委，專令學習外洋炸礮炸彈，及各種軍火機器，與製器之器，……務期各弁各兵盡心盡力，朝夕講求，務得西人之秘。如此則禦侮有所憑藉，庶國威自振，安內攘外之道不外是矣。（註六）

這一道奏摺，可說是整個自強運動中最重要的奏摺，他不但明示整個運動中的目標及先後秩序，為後來所有領導人物奉為圭臬，也更看出當時主政者對外人火器及製造知識的認識及其學習心態。此一信念，也成為自強運動人物自始至終的最高信念。

二、文　祥：

文祥，瓜爾佳氏，盛京正紅旗滿州人，道光二十五年進士，後累官至太僕寺卿、詹事府詹事、都察院左都御史、理藩院尚書、總管內務府大臣、侍郎、尚書、軍機大臣、總理衙門大臣，內閣大學士等，（註七）從這些閱歷可看出他在當時政府中被重視的程度。

他的經世思想，雖沒有很明顯的被標榜出來，但他自幼即熟讀經史，所受漢化程度特深。加以他和恭親王奕訢最親近，搭配最恰當的伙伴看來，他也深受中國傳統儒學思想的影響。他的事功，大抵和奕訢相同，我們可從當時曾在北京同文館中工作三十年之久的美人丁韙良（W. A. P. Martin）論及奕訢和文祥的話中看出兩人的關係。他論及恭親王時說：

一般人都知道他是外交部長，實際上，他也是政府其他機構的行政首腦。可是，他無不照其部下的忠告行事。而他的言論僅不過是其僚屬所審愼擬定的綱要。

但是在論及文祥時說：

正確一點說，中國雖然和美國一樣，沒有首相之類的官職，然而文祥却是帝國的實際首相幾達十年之久。以其影響力而論，幾無任何其他同時代同國家的政治家可與之比。他一直留於朝廷之內而未出爲督撫，是他，在第二次戰爭以後，領導重組工作；也是他，爲其政府制定了外交政策（註八）。

由此可見恭親王和文祥兩者實際上是一體的，文祥是恭親王的得力助手，而恭親王的抱負和其事功也正是文祥抱負的所在。

至於他對軍備的見解及其影響，可分爲兩點說明：

㈠新軍的訓練：這意見是在咸豐十年（一八六〇）十二月和恭親王所上的「練兵自強」的奏摺內首先提出的，但是文祥對於練兵之事有頗高的理想。其一，在強化中央的勁旅，擬以原有的八旗禁軍爲基礎，並加挑選各旗營閒散餘丁另立營伍，專習技藝槍砲，認眞操演。後來此一建議雖只有設立一神機營，但是後來將軍的成立和編練的動機實是導源於此的。其二，主張軍器的現代化，雖然他的計劃沒有成功，但是影響了後來的領導者。

㈡關於海軍軍備方面：他主張建設新式的海軍，擬購買外國的鐵甲艦。首先他爲了要加強當時的海防，想建立一支近代化的小型艦隊，而委託英人李泰國（Horatio Nalson Lay）購買兵輪及躉艦八艘，雖由於雙方的條件歧異太大以致於失敗（註九），但他一直沒有放棄建立新式海軍的願望，他的主張對後來大力從事海軍建設的左宗棠、沈葆楨、李鴻章等人有重大的影響。

三、曾國藩

曾國藩的經世思想，就是他所謂的禮學。什麼是「禮」？曾氏在其筆記中有如下的解釋，他說：

古之君子，之所以盡其心養其性者，不可得而見，其修身齊家，治國平天下，則一秉乎禮。自內焉者言之，舍禮無所謂道德；自外焉者言之，舍禮無所謂政事。故六官經制大備，而以周禮名書。（註一〇）

他已將國家的政事和個人的道德合爲一體，仍是傳統儒家的人生哲學。他又說：

先王之道，所謂修己治人，經緯萬彙者何歸乎？亦曰禮而已矣。（註一一）

因爲「修己治人」就是經世之術，所以他的結論：「古之學者，無所謂經世之術也，學禮焉而已矣。」（註一二）經世學就是禮學，而研究實踐「禮學」要從何着手呢？他說：

天下之大事宜考究者，凡十四宗，曰官制、曰財用、曰鹽政、曰漕務、曰錢法、曰冠禮、曰昏禮、曰喪禮、曰祭禮、曰兵制、曰兵法、曰刑律、曰地輿、曰河渠；皆以本朝爲主，而歷溯前

代之沿革。（註一三）

可見他的「禮」，是兼包一切典章制度的。

至於他的事功當推爲平定太平天國。他的思想影響當時軍備的有兩點：

㈠爲製器：同治二年（一八六三）命容閎赴美採購機器，並於同治四年（一八六五）和李鴻章在上海設立了江南機器製造局，且附設譯書局。江南機器製造局，是我國第一個具備現代化的大型兵工廠，此局的設立，對日後我國兵工業的發展有莫大的作用。

㈡操兵：即指其一手創立的湘軍而言，湘軍在中國陸軍的進化過程中，扮演一個非常重要的角色，其特點以後另闢篇章詳加討論。

四、左宗棠

左宗棠和曾國藩一樣是清代同治中興的名臣，他的經世思想從年青時就已建立。他所研究的學問，通常是人家所不研究的，他所讀的書，往往是別人所不願讀的，因爲他所致力的是經國濟世之學，他的學問所包括的面非常廣泛，茲列表說明（註一四）：

別人所忽視的書——如
- ①武侯全集
- ②新舊唐書
- ③戚繼光的紀效新書
- ④顧亭林的天下郡國利病書

等研究方法
- ①熟讀
- ②作筆記
- ③繪製圖表

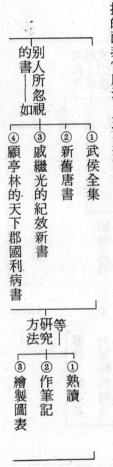

- ⑤顧祖禹的讀史與紀要
- ⑥齊道南的水道提要

左宗棠的學問

- 古代兵經——研究方法
  - ①潛思比較
  - ②探求古今戰術的異同
  - ③加註自己見解
  - ——融會貫通——而求歷代名將用兵的策略與得失癥結之所在
- 農學——讀遍歷代有關農事的著述——研究方法
  - ①抄錄
  - ②編成一部樸存閣農書
  - ③繪成各種圖樣
  - ④加註與說明
  - ⑤實驗
- 另一部學問
  - ①水利
  - ②荒政
  - ③田賦
  - ④鹽政

——經國濟世之學

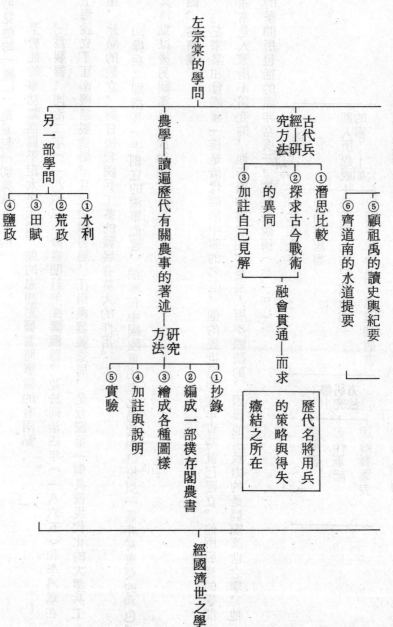

由這個表，可以看出他經世濟國的思想源流，也可了解他對國家社會的關心。至於他在自強運動過程中有關軍備的主張，對當時和後世最主要的影響，是倡議創立福州船政局。福州船政局的創立，蘊育出我國近代新式海軍的雛形，同時也對我國近代的造船兵工業，有開路之功，影響深遠。

五、李鴻章：

李鴻章和曾、左二人一樣，同是清代咸、同之間的中興名臣。李之聲望尤在前二人之上，蓋因李鴻章曾任直隸總督兼北洋大臣達二十五年之久，整個自強運動之推行，實居主導地位。李氏也是典型中國傳統士大夫出身的，其經世思想雖未有何書詳述其淵源，然梁啓超曾云：

以文學受知於曾國藩，因師事焉，日夕過從，講求義理經世之學，畢生所養，實基於是。（註一五）

由此可見其淵源所自。

至於李鴻章對當時自強運動軍備的措施，主要有如下各項：（註一六）

1. 同治二年（一八六三）八月：設江南機器製造局於上海。
2. 同治九年（一八七〇）十月：設機器局於天津。
3. 同治十年（一八七一）四月：擬於大沽設洋式礮台。
4. 同治十一年（一八七二）正月：挑選學生赴美國肄業。
5. 光緒元年（一八七五）十一月：籌辦鐵甲兵船。

6.光緒元年十二月：請設洋學局於各省，分格致、測算、輿圖、火輪、機器、兵法、礮法、化學、電學諸門，擇通曉時務大員主之，並於考試功令稍加變通，另開洋務進取一格。
7.光緒二年（一八七六）三月：派武弁往德國學水陸軍械技藝。
8.光緒二年十一月：派福建船政生出洋學習。
9.光緒六年（一八八〇）二月：始購鐵甲船。
10.光緒六年七月：設水師學堂於天津。
11.光緒八年（一八八二）二月：築旅順船塢。
12.光緒十一年（一八八五）五月：設武備學堂於天津。
13.光緒十四年（一八八八）八月：北洋海軍成軍。

以上十三項，不外兩個重點，即製器和練兵兩方面。就製器而言，如1.2.兩項的創立，為往後近代化的軍工業，指出一條道路；在練兵方面，4.7.8.三項開我國軍事人才出洋留學的先聲；而10.、12.兩項的建立更具有劃時代的意義；其中天津水師學堂的設立，使近代中國海軍人才的培養，更趨積極，且由於該學堂的教育，已採取近乎全盤西化的教育，對於整個近代海軍不論在制度或教育體制的形成，都是開風氣之先。至於天津武備學堂的建立，更是對後代有極其長遠之影響，該學堂可說是中國陸軍第一所現代化的軍官學校，不論在軍事人才的培養、訓練，或是軍事制度的建立，都成為後代軍事學校取法的對象。其演變及發展之詳細情形，後文另有詳論。

【附註】

註一　見張玉法撰：「中國近代現代史」（台北市，東華書局，民國六十七年十月，初版），頁一二五—一二六。

註二　至於張之洞、劉坤一，奕譞之主張與建設，有甚多是在一八九五年以後者，故本節不予介紹。

註三　見奕訢撰：「樂道堂文鈔」（台北縣，文海出版社，近代中國史料叢刊續編第三一一冊）卷一，頁二二，修身爲本論。

註四　見文慶纂修：「籌辦夷務始末」（台北市，國風出版社，民國五十二年四月，初版），咸豐朝，卷七二，頁一一。

註五　同前書，卷七九，頁一六。

註六　同前書，同治朝，卷二五，頁一—二。

註七　見蔡冠洛編：「清史列傳」（台北市，台灣啓明書局，民國五十四年七月，初版），上冊，頁九七—九八。

註八　見王家儉撰：「文祥對於時局的認識及其自強思想」，師大歷史學報第一期（民國六十三年一月），頁二三二。

註九　此事件見孫正容撰：「清咸同間購輪還輪事件始末記（一八六一——一八六三）」，文瀾學報二卷二期（民國二十五年六月），頁一——一三。

註一〇　見曾國藩撰：「曾文正公全集」（台北市，世界書局，民國四十一年七月，再版），第十冊，雜著，筆記二十七則中「禮」之一則。

註一一　同前書，第八冊，文集，頁一二三，聖哲畫像記。

註一二　同前書，第八冊，文集，頁一七，孫芝房侍講芻論序。

註一三　見曾國藩撰：「曾文正公全集」（台北縣：文海出版社，近代中國史料叢刊續編第七冊），日記，卷二，頁五〇。

註一四　見陳壽恒撰：「清代中興名將左宗棠」（台北市，台灣拔提書局，民國四十五年四月，初版），頁三二—三三。

註一五　見梁啓超撰，「論李鴻章」（台北市，台灣中華書局，民國五十九年，再版），頁一一。

註一六　同前書，頁三三—三五。

第三章　當時軍備之內容及主要兵工廠

第一節　軍備之內容

本節所謂的「軍備」，是指軍備中的硬體而言，即如槍、炮、彈葯、兵船……等等在戰場上得以立即發生作用的火力。至於軍隊之訓練內容、書籍之翻譯、兵法戰術之講求等軟體事項，則由後面之篇章再逐一討論。另外，要特別加以說明的，就是兵船一項，一般人對它所涵蓋的範圍頗有爭議，蓋船有多種用途，以輪船爲例：用之於運糧載貨則爲商船之屬，用之於運兵運彈則應是軍事之屬，本節則將當時之輪船歸於軍備之一，蓋自強運動中，輪船之仿造或購買乃是肇因於洋人「船堅砲利」之觀念，故本質上應是作爲軍事用途的。

一、**火砲類**：當時之大砲種類計有：

㈠開花鋼砲。

㈡十二磅至六十八磅之圓彈銅鐵炸砲。

㈢生鐵輕銅田雞砲。（註一）

㈣改造烏理治（英國砲廠名）式鋼膛鐵箍前門來福長彈大砲。（註二）

㈤改造阿摩士莊（Armstrong 英國砲廠名）式四十磅大快砲。

㈥仿造克廣伯（Krupp 即克鹿卜，德國工廠名）快砲。

㈦仿造普魯士（Bruce 德國）後膛進子螺絲大砲。（註三）

火砲之製造，初以生鐵或熟鐵作成中空圓筒，外環鐵箍，後鑄術漸精，方以靑銅爲砲身。至十八世紀工業發達以後，逐漸採鋼料。而我國於淸咸豐十一年（一八六一年）間向外國訂購砲船，皆非鋼材。同治四年（一八六五年）於上海創立江南製造局，以造新兵器。至光緒四年（一八七八年）設局完成我國最早之鋼砲，一般稱之爲鋼膛熟鐵箍砲，係仿自美國阿摩士莊式（Armstrong）四・七吋（十二公分）四十磅前裝砲而製造成的。而意而意大利軍人卡法利少校（Major Cavalli）於西元一八四五年發明線膛砲後，幾經改良而於西元一八五四年英國之阿摩士莊兵工廠成功的製成了有綫膛後裝砲。我國於光緒十年（一八八四年）由金陵製造局初造具有車輪可移動之三七公釐二磅後膛砲，該砲爲架退式。光緒十三年（一八八七年）我國才在江南製造局完成要塞用之阿式八吋一百八十磅之綫膛後裝砲。此砲此時尙爲鋼膛熟鐵箍砲。至光緒十四年（一八八八年）我國始完成要塞用阿式全鋼後裝砲。此砲用裝框式砲架，其方向瞄準機位於架框與砲座之間，高低瞄準機位於上架砲身間，上架中裝水壓制退筒，架框上裝活塞連桿，砲身則支於上架，並連同上架滑動於架框斜面上。發射後砲身後座藉制退機中液體過濔口時之阻力以減少震動，復藉後退機體在架框上其重力之分力使後退完畢後得以前進。此砲興起後，前面所謂的鋼膛熟鐵箍砲即逐漸被裁汰。當時之砲彈則是用生鐵製造的，有實心彈及開花彈（用彈頭引信）二種，引火藥用六角七孔栗色藥，發火藥用六角單孔栗色藥，依量袋裝或包裝，然後裝填入砲中。

到了光緒十八年（一八九二年）另由江南製造局製造了一種要塞用而具有較高發射速度的快砲，這種砲仍是仿製四．七吋四十磅的阿式快砲。這種砲特徵是爲半固定裝藥，發射藥用柯達無烟藥依定量裝入袋，袋底綴連有細粒黑色藥之引火藥，再放入銅殼中，其發火以擊火輔助電火。至於砲彈仍然是以生鐵鑄成，一共有三種，一是開花彈、一是子母彈、一是實心彈，彈內裝填黑色炸葯，開花彈用彈底引信。另外這種砲設有防盾，它的高低瞄準機位於支架及搖架之間，方向瞄準機則位於支架及砲座之間，具有相當高的精確性。至於砲架則是一圓錐臺，搖架則用二支耳支附在支架上，制退復進機和搖架相連，砲身則置於搖架之中而可滑動。

光緒二十年（一八九四年）秋天，漢陽兵工廠開始製造一種三七公釐的山砲，接著又造出五三及五七公釐的山砲。以上這三種砲，都是仿造德國克虜伯（Krupp）兵工廠的快砲型式，後來幾經改良發展爲後代採用制退復進機式的所謂管退式野砲，以上這是甲午戰前的中國火砲之大略情形（註四）。

二、火藥類：計有：

㈠栗色火藥

㈡無煙火藥

㈢棉花火藥

㈣黑色火藥

火藥仍是我國古代四大發明之一，直到十九世紀初黑色火藥仍是戰場上唯一之軍用火藥，後來因各種新式火藥發明，其用途乃漸少。首先是西元一八四五年德國人項扁（Schoenbein）發明以硝酸和棉花作用，可不變其組織而製成一種強爆性的物體，稱爲硝化纖維或硝化棉。一八四六年意大利人索卜列羅（Ascanio Sobrero）亦發明以硝酸和甘油作用可產生一種稱爲硝化甘油的強爆炸物，以上兩種物品的發明爲火藥界帶來了新的紀元。因爲它爆力強、溫度高、燃燒緩慢整齊、不發煙，故稱爲無煙火藥（Smokeless Powder）。

我國火藥之大規模製造始於清季自強運動之時，同治十三年（一八七四年），初造黑色火藥於江南製造局，當時每百磅所需原料爲淨硝七十五磅、柳炭十五磅、淨磺十磅，後來諸廠也都製造，而栗色火藥則由天津軍械局和天津機器局最早製造。光緒十九年（一八九三年）江南製造局製造栗色火藥，其所用木炭，乃是將柳材放在鐵桶中加熱至攝氏九十至一百二十度左右，使它不充分炭化而製成。光緒二十一年（一八九五年）江南製造局在龍華設立無煙火藥廠，開始製造無煙火藥，起初經年無啥成果，後經廠中各員互相研究始造成。一般而言，黑色火藥主要用在製造各種藥粒，以作爲槍砲之發射藥或引信之延期藥及砲彈、水雷、炸彈等之炸藥。而無煙火藥之運用則是在甲午戰之後，以上是自強運動時期的火藥製造情形。（註五）

三、槍類：計有：

㈠步槍：

1.前膛步槍馬槍

2.老毛瑟前膛槍

3.林明敦式（Remington）後門槍（美式）。

㈡連發槍：

1.文且斯托（Winchester Repeating Rifle）連發槍（美式）。

2.毛瑟（Mauser）槍（德式）。

3.曼利夏（Manliecher）槍（奧式）。

4.列伯（Lebel）槍（法式）。

㈢機關槍：

1.加提林輪迴砲（Gatling Gun）（美式）。

2.羅頓飛排砲（Nordenfepe Gun）（美式）。

3.馬克沁機關槍（Sir Hiram Maxim）（英式）。

同治六年（一八六七年）江南製造局最先製造步槍，有德國十一公釐老毛瑟前膛槍和美國林明敦（Remington）邊針後膛槍，皆爲單響，用黑火藥鉛彈，後者以火針在邊不在中心而得名。光緒九年

（一八八三年）江南製造局又製造一種單發單響而口徑爲十一公釐的美式黎逸槍（Leei Rifle）光緒十年（一八八四年）江南製造局又改造十公釐口徑的林明敦單響中針後膛槍（其火針在中心），此與前者（黎逸槍）皆用黑火藥鉛彈，同年金陵製造局開始造機關槍，規格有十門連珠砲（即加提林輪迴砲）及四門神速砲（即羅頓飛排砲）兩種。光緒十四年（一八八八年）金陵製造局又製造一種馬克沁機關槍。光緒十六年（一八九〇年）江南製造局將黎逸槍改爲八·八公釐快利槍。此槍和奧式的曼利夏槍的槍機筒相似，爲前後直動式爲五響，這是我國最先自造的連發槍。光緒十九年（一八九三年）漢陽槍砲廠開工。仿造德國慮衞（Loewe）及安貝格（Amberg）等廠所造之一八八八年式的毛瑟槍，口徑爲七·九公釐，彈頭是圓頭，槍管外裝套筒，其間相隔約半公釐。後來廢去套筒外加護蓋，將槍管放大，改表尺爲固定弧形式，以上是甲午戰前槍砲發展之情形（註六）。

四、水雷：

水雷爲海軍重要之兵器，有遊動水雷（Torpedoes）及敷設水雷（Submarine Mine）二種。一八六八年，奧人懷特赫得氏（Whitehead）發明魚雷，以壓榨空氣貯於水雷中部之氣室，利用它膨脹之能以爲原動力。而氣室之直徑即表示魚雷之大小，初發明時直徑爲十四吋，一八九〇年增至十八吋。遊動水雷，具有原動機，向敵艦突進以進行攻擊者，魚雷爲其主要之武器，由艦艇上發射管射出，其最大射程已由六四〇公尺增至一萬公尺之間。我國海軍使用有八吋及十四吋二種，後者曾由江南製造局製造。敷設水雷通常簡稱爲水雷，乃是敷設在軍、商港及海岸，以防禦敵人船艦者，它的種類甚多，我國使用的樣式很陳舊，形狀有圓筒式、圓椎式、橄欖式、馬鞍式等。其裝藥量則從一百磅至一千磅間，達十數種，外殼用熟鐵釘成或由生鐵鑄造。

同治十三年（一八七三年）江南製造局的水雷廠開始生產各式各樣的水雷，依照它發火的方式而分類，大致有三類：

㈠視發水雷：此種水雷佈在航道和潮流急湍處，由觀測所接電綫通於雷中之雷管，待敵艦進入所佈之雷陣，即發電轟擊之，因用法而分爲沉雷和半浮雷二種。在淺水的地方佈設水雷，爆破的效果較大。把水雷繫在鐵墜，沉於水底，以免被發現，故稱爲沉雷。我國所造的計有熟鐵製圓筒形五百磅、六百磅及一千磅水雷，熟鐵製馬鞍形五百磅沉雷，生鐵製饅頭式五百磅及一千磅沉雷等六種。在深水地方雷繫在長鍊，連在鐵墜，半浮於水中以代替沉雷，故稱做半浮雷。江南製造局所製造的有熟鐵製圓筒形八百磅浮雷及三百五十磅水雷二種。

㈡機關水雷：乃是用在沿岸要隘，防止敵人登陸或封鎖敵人港口者。水雷中具有電機，以人力管理，經敵艦衝擊而轟發，在安放時不很安全，可是敷設非常方便，且成本低廉，可應急需。江南製造局所造的有熟鐵製圓錐形一百磅和一百五十磅二種。

㈢觸發水雷：此種水雷用於水流緩和且水較混濁的地方，它的裝置和視發水雷相同，只是雷內有棲電機，作電路的鈕鑰，觀測所中有可以自由開關的電門，關時一有艦船碰觸，即轟發，江南製造局所造者有一百磅的生碰雷，及木殼馬的生碰雷、三百磅鍋頂，及平頂浮雷，與棗核形二百五十磅浮雷

等五種。以上是一八九五年以前當時水雷之發展大略。（註七）

五、船艦

「船堅砲利」似乎是清代自強運動中的主要目標，所以軍備中，船艦這一項可說是最繁多的，有的是自己造的（出自江南製造局、福州船政局、天津機器局）有的是向國外購買的。總之，從第一艘自製的惠吉號輪船（同治七年，一八六七年）或第一艘自國外買的天平號輪船（同治二年，一八六二年）開始至甲午戰前，當時的海軍船艦種類和數量，大致如下：

㈠自製的有：

1. 兵船二十八艘。
2. 運船五艘。
3. 小鐵甲船一艘。
4. 快碰船二艘。
5. 快兵船一艘。
6. 鋼板船一艘。
7. 鋼甲船一艘。
8. 獵船三艘。
9. 練船一艘。

計九種約四十餘艘。（註八）。

㈡向國外購買的有：

1. 輪船一艘。

2. 兵船七艘。

3. 練船一艘。

4. 砲艇十三艘。

5. 巡洋艦八艘。

6. 單雷艇四艘。

7. 魚雷艇二十一艘。

8. 鐵甲艦三艘。

9. 出海魚雷大快艇一艘。

10. 驅逐艦一艘。

計十種約六十艘左右。（註九）

這些購自外國的船艦，大抵是向當時的列強如英、美、法、日、普等國購買來的。可見，購買的對象並不固定，也沒有固定的長期供應或補修契約的存在，至於格式、排水噸位，也無固定的型式，完全由當時幾位大員和買辦決定。値得一提的是甚至還發生購輪後再還輪的情事。這是一件很値得注意和警愓的事。清咸、同年間，清廷鑒於洋人之船砲精巧堅固，威力無比，又由於當時洪秀全的太平軍橫行於長江上下游，爲安內攘外，決定向外國購買兵船。同治元年（一八六二年）經費有相當著落後，由恭親王奕訢委託當時在華任稅務司的英人赫德（Sir Robert Hart）代爲向英國購買兵船，後赫德又委託當時在英國養病的李泰國（H.N. Lay）代爲辦理。由於當時朝廷大員或封疆大臣如奕訢、曾國藩、李鴻章等對於兵船上官兵的數目和統轄權的問題與率領購買兵艦來中國的李泰國（H.N. Lay）和李阿思本（Sherard Osborn，當時的艦隊司令）意見完全相左，所以只好於同治三年（一八六三年）由奕訢和英使普魯士（Frederick W.A. Bruce）交涉，決定將所募的兵弁解散，輪船退還英國變賣，一切雇用外洋人員，另結九個月薪工計銀十六萬二千兩，回國經費計銀二十一萬三千兩，阿思本賞銀一萬兩（註一〇），又李泰國爲這件事革去總稅司職，給公費及路費等銀一萬四千兩（註一一），共計費銀三十九萬九千兩，合前購買輪船的費用一百零七萬兩，總共花費一百四十六萬九千兩，而當時清廷却一無所獲，這眞是一次最胡塗且最不可思議的軍火買賣事件（註一二）

【附　註】

註　一　當時所謂田雞砲，即今迫擊砲之初型。使用時砲口永遠固定在四十五度之仰角，尙不能利用螺旋支柱變換角度，以拋物線之理定射程之遠近，祇能利用火藥之多寡來定射程。同治三年（一八六四年）李鴻章敍述田雞砲情形云：「分周天三百六十度，八分之一爲四十五度，砲口測準四十五度，不可時高時低，但以藥之多寡，定彈之遠近，從高墜下，落地開花。」見文慶纂修：「籌辦夷務始末」（台北市，國風出版社，民國五十二年四月，初版），同治朝，卷二五，頁六。

註二　見王文杰撰：「十九世紀中國之自強運動」，福建文化三卷二期（民國三十六年十二月），頁六。

註三　同註一所引書，頁一三。

註四　見張焯焄：「七十年來中國兵器之製造」，東方雜誌三十三卷二號（民國二十五年一月），頁二二一—二二三。

註五　同註四，頁二七。

註六　同註四，頁二二四—二二五。

註七　同註四，頁二二八—二二九。

註八　見包遵彭撰：「中國海軍史」（台北市，中華叢書編審委員會，民國五十九年五月，初版），頁五八九—五九二。

註九　同註八，頁五九八—六〇一。

註一〇　同註一所引書，咸豐朝，卷二一，頁五。

註一一　同註一〇，頁四二。

註一二　見孫正容撰：「咸同間購輪還輪事件始末記（一八六一—一八六三）」，文瀾學報二卷二期（民國二十五年六月），頁一一—一三。

第二節　當時之兵工廠

本節所要介紹之兵工廠，乃是指自強運動中製造槍砲、彈藥、船艦以及各種軍用器具材料之場所而言。依其成立時間之先後，從最先的安慶內軍械所（咸豐十一年，一八六一年）至甲午戰爭中的陝西機器局（光緒二十年，一八九四年）爲止，總共有二十五處之多，其間各兵工廠，規模有大有小，相差很大，有中央朝廷直辦的，也有地方各省督撫自辦的，故在擇人任事之尺度及建廠之目標及理想也有不同，本節試先行將各局廠名稱、地址、經辦人事依時間之先後，先列表於前，再於表後詳加論述。

清季自強運動中所成立之兵工廠表（註一）：

局廠名稱	地址	建置時期	經始督辦人	經始總辦人	備註
安慶內軍機所	安慶	咸豐十一年	曾國藩		
上海炸彈三局	上海	同治二年	李鴻章	劉佐禹 韓殿甲 丁日昌	劉局設於松江

蘇州機器局	蘇州納王府	同治二年	李鴻章	劉佐禹	原來炸彈三局之一，移蘇州設立。
江南製造局	上海高昌廟	同治四年	李鴻章	丁日昌	原來炸彈三局中之丁、韓二局併入。
金陵機器局	江寧南門外天津	同治五年	李鴻章	劉佐禹	原蘇州機器局移設於金陵
福建船政廠	馬尾	同治五年	左宗棠	沈葆楨	
天津機器局	賈家沽道海光寺兩處	同治五年	崇厚	密妥士	
福州機器局	福州水部門	同治八年	英桂	賴　長	
				黃維煊	

蘭州機器局	蘭州南關	同治十年	左宗棠	賴　長	
天津行營製造局	天津	同治十年	李鴻章	王德均	
廣州機器局	廣州聚賢坊	同治十三年	瑞　麟	溫子紹	光緒十一年與火藥局合併仍稱機器局
廣州火藥局	廣州曾步	光緒元年	劉坤一	潘　露	光緒十一年與機器局合併稱機器局。
山東機器局	濼口鎮	光緒元年	丁寶楨	徐建寅 薛福辰	
湖南機器局	長沙	光緒元年	王文韶	韓殿甲	

四川機器局	成都東門	光緒三年	丁寶楨	夏　峕 勞文翽	
吉林機器局	吉林	光緒七年	吳大澂	宋春鰲	
金陵火藥局	江寧	光緒七年	劉坤一	孫傳樾	光緒三十三年併入金陵機器局。
浙江火藥局	杭州艮山門	光緒八年			光緒十一年歸併機器局。
神機營機器局	北京三家店	光緒九年	奕譞	潘駿德	
雲南機器局	昆明承華圃	光緒十年	岑毓英	卓維芳	
杭州機器局	杭州報國寺	光緒十一年	劉秉璋	王恩成	合併艮山門之火藥局。
廣東槍彈廠	廣州石井墟	光緒十一年	張之洞	薛培榕	

台灣機器局	台北北門外	光緒十一年	劉銘傳	丁達意	
漢陽槍炮廠	漢陽大別山下	光緒十八年	張之洞	蔡錫勇	
陝西機器局	西安風火洞	光緒二十年	鹿傳霖		

一、安慶軍械製造所

咸豐十一年十二月（一八六一年）曾國藩爲因應勦太平軍之需，在安慶成立一座小型的現代化兵工廠—軍械製造所，主要以製造彈藥、槍枝等輕武器爲主，但是由於當時所用的工匠都是中國人，並沒有比較進步的科學知識及製造方法，又欠缺新式機器，所以製造出的產品，並沒有能達到預期的效果。由於這次失敗的經驗，却爲後來現代化的兵工廠，不論在用人或製器方面，產生了很大的影響，它雖是一座生產失敗的兵工廠，却爲晚清新式兵工業做一啓蒙的因子。

二、上海炸彈三局

同治二年（一八六三年）李鴻章爲應付長江下游太平軍（即平吳之役）而創立的。所謂三局，即是指三個廠而言，這三個廠是指劉佐禹和英人馬格里（Halliday Macartrey）合作的廠、韓殿甲所負責的廠及丁日昌所負責的廠。這三廠中各有特色，其中以劉馬之廠設備最新，不但使用西洋機器，並用蒸汽機做爲動力，且僱用了洋匠數名，協助中國的工匠，此廠主要生產鑄造炸彈和炸炮。至於韓廠和丁廠，則全部任用中國的工匠，而且多用手工生產，產品也是炸彈和炸砲。這三廠造砲，只限於出產輕便的短炸砲，又名田雞砲，通常砲重不會超過五十斤，每月的產量約六至七尊。至於炸彈的產量每個月約可生產一萬顆以上。本兵工廠後來因爲蘇州的克復，於是劉馬之局就遷移到蘇州，後來江南機器製造局成立後，韓、丁二廠則被併入，於是三局之稱就消失了（註二）。

三、蘇州機器局

本局的前身就是前述劉馬所合辦的洋砲局。它的始末是這樣的，同治二年冬天（一八六三年）李鴻章收復蘇州後，就將劉馬之局遷到蘇州，地點在從前太平軍的納王府，同時遇到阿思本（Sherard Osbom）艦隊解除合約的事件（即購輪還輪事件），而且將被遣回英國售賣（註三），馬格里當時知道這批艦隊配有一套修造軍火槍砲的新機器，就慫慂李鴻章把它買下，該局的生產重每週可達槍彈和砲彈二千顆。但李鴻章被派去署理江督時，該局又隨著遷到金陵（南京）。（註四）。

四、江南製造局

這是一座中國最早成立的大型現代化兵工廠，它的創立，與曾國藩和李鴻章有很密切的關係，咸豐十一年（一八六一年）曾氏已在安慶設軍械製造所試造炸彈，但是因不了解西人製造之法，所以沒仿造成功，曾國藩就更廣羅人才，當時其幕府中的科學人才，如李善蘭、徐壽等人，已向曾氏提出設立西式機器廠的構想，且已到成熟的階段。更聘請中國第一位留學生容閎入幕，以便說明西洋機器廠的制度。容氏提出了非常重要的新觀點，他說：「中國今日欲建設機器廠，必以先立普通基礎爲主，不宜專以供特別之應用。所謂立普通基礎者無他，即由此廠可造出種種分廠，更由分廠以專造各種特別之機械。簡言之，即此廠當有製造機器之機器，以立一切製造廠之基礎也。」（註五）他這段話的觀點，影響且引導了後來中國兵工業的方向。尤其「製器之器」的觀點，成爲當時提倡新政者的一個普通的口號。容閎也被派去美國麻薩諸塞州的菲希堡（Fitchburg）採購機器，當機器在同治四年（一八六五年）運達，恰好也是江南機器局成立的時候。另一方面當同治元年（一八六二年）李鴻章軍援上海時，與洋人並肩作戰，看見西洋利器的厲害，他以爲：「洋兵數千，槍砲並發，所當輒靡，其落地開花炸彈，眞神技也。」（註六）遂生羨慕之心，而學習仿造。乃設立上海炸彈三局。到了同治三年（一八六四年），在他與恭親王奕訢往返信函中，更以爲洋人立國的根本在船砲，極力主張開廠仿造，他說：「洋人以船砲爲信仰，不惜傾數千百萬之貲財，竭億萬衆人之心思，積數百年之工力，乃能精堅若此。中國用兵日久，財賦空虛，又陸多水少，素不講求，一旦改弦更張，智者慮其難成，愚者詫爲多事，惟各國洋人，不但輳集海口，更且深入長江，其藐視中國，非可以口舌爭，稍有衅端，動輒脅制，中國一無足恃，未可輕言抵禦，則須以求洋法洋器爲自立張本，或俟經費稍裕，酌擇試辦，祈王爺大人加意焉。」（註七）於是在前後兩者的推動下，約在同治四年（一八六五年）春天就成立了江南製造局。茲根據江南製造局記之記載，以說明甲午戰前該局之規模和設備：（註八）

同治四年五月：初購洋人機廠在虹口開辦。

同治六年夏天：始移城南高昌廟鎭，分建各廠曰機器廠，其樓上曰洋槍樓、曰汽爐廠、木工廠、鑄銅鐵廠、熟鐵廠、庫房、公務廳、文案處、報銷處、支應處、議價處、又建中外工匠住居之室、繼建輪船廠、築船塢。

同治七年：設翻譯館。

同治八年：增汽錘廠，另建槍廠，移城內廣方言館於局。

同治十三年：立操砲學堂，又在龍華寺鎮購地設黑藥廠。

光緒元年：改汽爐廠爲鐵船廠、繼又改名鍋爐廠、並設槍子廠於龍華鎮。

光緒二年：建火藥庫於松江城內。

光緒四年：改汽錘廠爲砲廠。

光緒五年：復於砲廠對面購地設砲彈廠。

光緒七年：改操砲學堂爲砲隊營，又創設水雷廠。

光緒十六年：設鍊鋼廠。

光緒十八至十九年：添設栗色、無烟火藥兩廠。

其次，介紹該局當時生產的軍火種類和產量。在武器方面，該局生產的項目有槍、砲、水雷、彈藥、火箭、地雷……等。在槍方面，大致有五類：㈠爲來福槍類，分前膛兵槍、馬槍、前膛馬槍三種，從同治六年（一八六七年）至甲午戰前產量大約有七千四百七十餘枝。㈡爲林明敦（Remington）槍，分後膛兵槍、馬槍、枱槍三種，從同治六年（一八六七）至光緒十九年（一八九三）總共約生產四萬零七百壹拾桿左右。㈢為黎意（Lee）槍，分兵槍、後膛兵槍、洋枱槍、馬槍四種。從光緒九年（一八八三）開始生產至光緒十八年（一八九二）總共生產一千七百八十枝。㈣快利新槍，分馬槍、兵槍、連珠後膛槍三種。至光緒二十年（一八九四）為止總共生產兩千兩百七十三枝左右。㈤小口徑毛瑟槍（Mauser），分老毛瑟兵槍、枱槍、子母槍三種。至光緒二十一年（一八九五）為止，前後只生產二十二枝左右。以上是槍的大略（註九）。至於砲的種類，有後膛熟鐵來福砲、開花子鋼砲、生鐵砲、銅砲、田雞鋼砲、鋼快砲、子母砲、及數量較多的阿姆斯莊鋼膛熟鐵箍砲（Armstrong）和數量最多的劈山砲等九種，從同治六年（一八六七）開始生產至光緒二十年（一八九四）為止，共生產了約五百八十尊左右（註一〇）。火箭至光緒二十年（一八九四）為止也生產了六百枚左右，其中還有包括火箭架的生產。水雷方面則分為鐵殼和木殼兩種，鐵殼的生產量較多，至光緒二十年（一八九四）為止約生產了五百六十三顆，而鐵殼地雷亦有近五百顆的產量（註一一）。至於彈藥一項，該局所產的彈藥是當時供應各軍最主要的來源，不但數量龐大而且種類也很多。此外，該局還有一項非常重要的生產，就是造船。中國的第一艘輪船「恬吉號」就是在這裡完成的，時間為同治七年（一八六八），這是中國人自己建造新式軍艦的先聲。總計該局至甲午戰爭為止共建造了十六艘船艦，其中包括兵船七艘、砲艇二艘、小鐵甲船一艘、鋼板船一艘及小鐵殼船五艘（註一二）。

五、金陵機器局

同治四年（一八六五）曾國藩北上勦捻，李鴻章任江督，將前述劉佐禹、馬格里所合辦之局遷到金陵，地點在南門外掃帚巷民基，同治四年興工，五年七月告竣。另有火藥局建於同治十一年（一八七二），地址在通濟門外烏龍橋的附近，但不幸在光緒元年（一八七五）被火焚毀。光緒七年（一八八一）劉坤一任江督時，又派孫傳樾和郭道直及龔照瑗三人另辦一新式的火藥局，獨立經營。該局是屬於中型兵工廠，在造砲製槍方面早期造的是較大的砲台砲，但是由於技術方面相當落伍，所以常常炸裂，幾乎每一尊砲都有危險。後來大量改造小型的過山砲和前膛炸砲，也造舊式的枱槍，少量的仿造克虜伯砲和那登飛快砲（Nordenfeldt）以及格林砲（Gatling）。在彈藥方面，該局的產量十分充足，這是該局的最大特色。該局偶而也建造一兩艘小輪，但都只是江中的運船，影響不大。

六、福建船政局

該局是由左宗棠提議創立的，由於太平軍之亂使左氏有和外人接觸的機會，他知道輪船是中國可以自造的，並且外人也很願意為中國出力。他曾論及造船之重要和其利益，左氏說：

自海上用兵以來，泰西各國火輪兵船直達天津，藩籬竟成虛設，星馳飆擧，無足當之，……彼此同以大海為利，彼有所挾，我獨無之，譬猶渡河，人操舟而我結筏，譬猶使馬，人跨駿而我騎驢，可乎？……輪船成則漕政興，軍政擧，商民之困紓，海關之稅旺，一時之費，數世之利也（註一三）。

他又以為向外國購雇輪船不是根本辦法，他說：

茲局之設，所重在學西洋機器以成輪船，俾中國得轉相授受，為永遠之利也，非如雇買輪船之徒取濟一時可比，其事較雇買為難，其費較雇買為鉅，……當此時紬擧盈之際，凡費宜惜，鉅費尤宜惜，而顧斷斷於此者，竊謂海疆非此，兵不能強，民不能當，雇募僅濟一時之需，自造實擅無窮之利也。（註一四）

於是左氏設局造船之議終被朝廷准許進行，他得法人德克碑（P. A. Nenue D'Aiguebelle）之助，在同治五年（一八六六）擇定福建海口羅星塔一帶馬尾山下做為該局的地址，後左氏奉命移督陝甘，由沈葆楨總理船政，其設立之經過和廠之設備，依時間之先後大致如下：

同治五年：大學士左宗棠總制閩浙疏稱：欲籌防海，非整理水師不可；整理水師，非設局監造輪船不可，而福建海口羅星塔一帶可為設廠之地。不久左奉命移督陝甘，擧沈葆楨總理船政。

同治六年六月：沈葆楨到廠視事，委藩司周開錫、侯補道、胡先墉為提調。

同年八月：疏陳馬尾一區以羅星塔最為重要，重山環抱，層巒鎖鑰，船署設在山麓，地名曰中歧鄉。船政之地，周圍四百五十丈。署外環以深濠，濱江為船槽鐵廠、輪機廠、機器廠、鋸木廠、架木，參列其後，並有習法文學堂、洋匠房、煤廠等設置。

同年九月：購到各廠器具，及輪機洋鐵等項，製成船槽，長三十丈，闊十五丈，可以修一千五百噸之輪船。

同年十月：洋員總監工達士博、煤鐵監工都逢、英文教習嘉樂爾，醫官尉達樂到局，同時於船署之右臨江口岸，創造船台，台長二十有四丈，並建鐵脇廠、水缸廠、打鐵廠、鑄鐵廠、合攏機器廠等五廠。

同治七年：奏請獎勵洋將，並設轉鋸廠、木模廠、鐘表廠、繪事院、廣儲所、儲材所及建屋工所居之東、西考工所。

同治八年五月：第一號輪船下水，名曰萬年青。

同治九年九月：沈葆楨丁父憂，十一年冬釋服到廠接事。

光緒元年七月：沈奉命調任兩江總督。

同年十月：丁日昌繼任。嗣後繼任，或兼署船政總理者有吳贊誠、吳仲翔，黎兆棠、張佩綸、周懋琦、裴蔭森、卞寶第、譚鐘麟、邊寶泉等人。因經費短絀，日漸廢弛。（註一五）

以上是其設立經過及設備之大概情形，它的主要生產是輪船，總計從第一艘完成至甲午戰爭（光緒二十年，一八九四年）時，一共造了三十四艘船，包括兵船二十一艘、運船五艘、快碰船二艘、快兵船一艘、鋼甲船一艘、獵船三艘及練船一艘。製造技術由初期木脇輪船進到鐵脇輪船，後又進而仿造新式快船，到最後起造最新式的鋼甲兵艦，可謂有進無退。但就工作效率而言，則愈來愈差，甚至演變到後來有招商辦理之計劃，雖終未成事實，然其營運狀況已可見一斑。（註六）

七、天津機器局

同治四年（一八六五）科爾沁親王僧格林沁陣亡於山東漕州，京師大爲震動，除授曾國藩爲統帥，辦理勦捻外，並連次飛諭李鴻章派洋槍隊由海道赴津，保護京師，並因李氏在滬辦炸彈三局，卓有成績，同時也有旨命，要他派丁日昌帶領匠役至京師製造火器，接著又改命李氏派員赴津開局鑄造炸彈。這即是天津機器局創立之經過。其大事如左：

同治五年七月：恭親王又提出設機器局之議，時機醞釀已達成熟。

同　年八月：恭親王正式具奏，建議由崇厚籌劃辦理妥立章程，這是本局創設的起點。

同　年十一月：總署劃撥阿思本兵輪變價款項之一部分交英人密妥士（J. A. T. Meadows）赴英購買機器，是爲本局經始之第一部。

同治六年二月：擇定天津城東賈家沽道基址，是爲東局，接著又以城南海光寺基址，是爲南局，又名西局，建廠房四十二座，二百九十餘間。僅東局一處佔地就有二千二百三十畝。

同年四月：正式開局，委派密妥士爲總辦，本局規模，至此大定。

同治九年：天津教案起，崇厚奉命使法，本局改由李鴻章續督辦，李氏上任，不到一年即罷黜密妥士，另委沈保靖總辦局務，此後歷任總辦，皆華人擔任。

本局地位，在當時是北洋主要的大兵工廠，常年供應北省各軍軍火彈藥，其軍火生產項目，還包括造槍、火藥、槍子、砲彈、水雷、輪船、挖泥船及行軍橋船等。在造槍方面，光緒元年（一八七五）購到林明敦式機器，三年開始製造，兩年之間，完成五百二十枝，此後則大力從事改造士乃得（Sneider）槍，並從事修整各式舊槍，然却極少生產新產品。至於造砲方面，本局似乎無此項設備，而火藥，槍子、砲彈、水雷之製造爲本局之主要工作，產量頗爲豐富，供應淮軍及北洋水師大部分的需要，另外本局偶而也從事造船，皆係出自海光寺的西局所造，全部都是小型船隻，並非兵船。最大的是光緒六年（一八八〇）所造的兩艘布雷艇，用以施放水雷，其次是御用的鋼鐵遊艇和李鴻章的座船以及一些小汽艇，故其地位並不重要。値得一提的是，本局製造了不少挖泥船，用來浚治河道，更爲陸軍製造一百三十隻行軍橋船，以供應淮軍所需。以上是本局的大概情形（註一七）。

八、福州機器局

本局是同治八年（一八六九）由閩督英桂所創，局址設在福州水部門內。當時派賴長與黃維煊會同辦理，一年以後，規模粗具，可造槍彈。同治十二年（一八七三）春爲閩督李鶴年奏准停辦，光緒元年（一八七五）又開辦。以後時開時閉。光緒七年（一八八一）以後，因海防吃緊，又行興工，仿製克虜伯砲。光緒十一年（一八八五）經閩督楊昌濬加以擴充，專門生產子彈砲彈，此後很少中斷。光緒二十年（一八九四）以後，漸漸生產毛瑟新槍和陸路小砲，但因規模狹小，無法擴張。値得一提的是本局與福州船廠之間，始終沒有什麼關係。本局一直是閩督節制督理，因規模小，鮮爲外人所知，世稱的閩廠、閩局，皆指福州船政局而言，並非指本局，此不可不知。（註一八）

九、蘭州機器局

同治五年（一八六六）九月左宗棠奉調爲陝甘總督，負責勦平西北回亂，以當時交通不便，如在東南買軍火，再運到西北，不但運輸困難，價格高，且恐常緩不濟急，於是乃創辦本局。同治八年（

一八六九）陝亂已平，然甘肅賊熾，左氏乃在西安設立陝西製造局，製造洋槍、銅帽、開花子等小軍火。同治十年（一八七一）又在蘭州南關設立本局，且把陝局併入，所生產的軍火有鋼引、銅帽、大小開花子、又仿造布（普）國七響後膛槍，及後膛進子螺絲大砲及改良傳統的劈山砲和廣東的無殼抬槍。後來為了平新疆回亂，光緒二年（一八七六）又在蘭州下東關設立火藥局，光緒五年（一八七九）又在新疆南部設立阿克蘇製造局和庫市火藥局。以上都是本局的駢枝，後來隨著西北軍事的結束及左氏的離甘，日趨衰落。光緒八年（一八八二）遂停辦（註一九）。

十、廣州機器局

本局由粵督瑞麟和巡撫張兆棟在同治十二年（一八七三）會同創設，局址在廣州文明門外的聚賢坊，並委派溫子紹為總辦。除造槍砲火藥以外，兼修理輪船。光緒元年（一八七五）張兆棟又在廣州西門外之曾步建立火藥局。光緒二年（一八七六）粵督劉坤一又出資八萬元，向英商買得黃埔船塢一座，作為擴充機器局及開設西學館的準備。以上三者，即外人所稱的廣州的三個機器局，而實際上却是一體的。光緒十一年（一八八五）張之洞為粵督，謀求擴充機器局，將聚賢坊之局併入曾步，統其名為製造局，此時恰好廣西巡撫潘鼎新訂購的一副機器，因無財力承辦，只好託張氏留粵使用，張氏借此機會，連同粵省的一副機器，乃在光緒十二年（一八八六）選定大北門外的石井墟，設立槍砲廠一座，令薛培榕總辦，此廠稱為西局，曾步之局稱為東局。本局之生產項目，主要在製造槍彈，有毛瑟、馬梯尼（Martini）士乃得（Sneider）、雲却斯得（Winchester）四種槍彈。

同時也製造新式槍械。又因有黃埔船塢之設備，故也兼造輪船。可是情況很繁雜，每批造船，方式均有不同，並非只有機器局承造，而所造的船大都是小砲艇之類，當時被稱爲根鉢子（Gunboats），並沒有什麼重要地位。

十一、山東機器局

本局創始於山東巡撫丁寶楨，同治十二年（一八七三）已籌劃設立，後來經咨調了學養俱佳的徐建寅爲總辦，才在光緒元年（一八七五）十月奏請創立，局址在濼口鎮，面積有三百多畝。本局最大特色是從創立開始一切施工庀材，置辦機器，都由華人經手，始終沒有雇用一次洋匠。可說是國人自力生產的先河，產品以仿造英式亨利馬梯呢槍（Martini — Henry）和其他各型炸彈、槍彈、地雷及洋火藥爲主，供應省內水陸各軍，算是一所基礎良好的兵工廠（註二〇）。

十二、湖南機器局

本局係湖南巡撫王文韶委派韓殿甲於光緒元年（一八七五）五月創立，地址在湖南省城，開辦之始，規模很小，所以沒什麼發展，旋即停辦。至於停辦的時間，已無從查考。

十三、四川機器局

本局爲川督丁寶禎在光緒三年（一八七七）創設，局址設在成都東門內，委派夏峕及勞文翽總辦局務，並派成綿、龍茂道、丁士彬會同辦理。開辦之始由山東調來一位精於機械的人叫曾昭吉，參與擘劃，一切機器購買及建造廠屋，均出自曾氏一人之手。然開辦不久，於光緒五年就奉旨停辦。六年，又重利開辦，並於成都南門外古家壩建立火藥局。本局之生產只限於造各式洋槍和槍彈火藥，並未造砲，而且其所造最新式之亨利馬梯呢式槍枝（即所謂新式之後膛槍）多不合用，槍管大小不一，槍彈多不合膛，後來停止鑄造。光緒十三年（一八八七）以後，只造槍彈火藥，直到甲午戰爭時都沒有改變。（註二一）

十四、吉林機器局

光緒五年（一八七九），崇厚赴俄議約辱命，中俄發生衝突，謠傳俄艦將東來，情勢很緊張，乃有吉林設船廠之議。接著俄人用兵琿春，吳大澂奉命布置防務，乃在光緒七年（一八八一），奏准在吉林省城外松花江的北岸創立機器局，以宋春鰲總理局務，由於本局地處邊地，氣候苦寒，且山地不便於轉運巨大機器，創建過程十分艱辛。光緒八年（一八八二）購得機器，九年廠房告成，十一年（一八八五）增設洋火藥廠，規模漸趨完備。本局生產以槍彈和火藥爲主，並兼造新式來復槍和枱槍，且局中慣例，不雇用洋員洋匠，全由國人自行經營，亦是一大特色。

十五、神機營機器局

光緒七年（一八八一），李鴻章建議醇親王奕譞，於京城的神機營酌設一局，以開風氣之先，爲本局成立之先聲，九年李氏不惜巨資，自歐州購買大批新型機器，運京安設，局址設在京西五十里渾河邊的三家店，並調潘駿德主持本局局務，是爲本局成立之始。其一切章程規制，建廠規模，大抵都是仿照天津機器局。

十六、雲南機器局

本局在光緒九年（一八八三）以前皆是臨時設局的性質，軍事停止，局務也隨之結束。光緒九年以後，因越南兵事日急，才正式添購外洋新機器兩具，在省城設立永久性的機器局，於光緒十年（一八八四）三月開辦，工頭募自滬寧閩各地，可以生產七、五公分的克虜伯砲，惟其鐵質較差，故無特殊的地位。

十七、杭州機器局

光緒九年（一八八三），浙撫劉秉璋，派員赴滬購辦機器，聘德人孔恩（W. M. Kuln）爲洋監督，選杭州報國寺後面，購買民基二十五畝，興建廠房，以爲局址，本局始正式設立，於光緒十年（一八八四）建成，十一年（一八八五）將艮山門內之火藥局併入。本局生產只專門製造各式槍彈，不造槍械，規模不大，故沒什麼開展。

十八、台灣機器局

本局設於光緒十一年（一八八五），由當時台灣巡撫劉銘傳所創設。創設過程中得張之洞之援助甚力，廠址在台北府城北門外。光緒十一年（一八八五）六月興工建廠，十二年（一八八六）二月完工，派丁達意爲總辦，並聘德人布特勒（Butler）爲洋監督。本局專門製造槍彈，故規模不大，亦無大發展。甲午戰役後淪爲日人之戰利品。

十九、漢陽槍砲廠

本廠是清季三大兵工廠之一。中法戰爭時，張之洞總督兩粤，對前方兵將有籌備餉械之責，張氏在購買械彈之際，吃盡了洋人的苦頭，自謂：

開戰而後，購械十分艱難，種種喫虧，去年僥幸爲之，豈可爲訓佳。（註二二）

得此敎訓後，加深其創設新式槍砲大廠的決心，此爲本廠創立的最大動機。又本廠原要建在粤省，然張氏在光緒十五年（一八八九）七月奉調湖廣總督，於是廠址發生了問題，張氏主張連同煉鐵廠均移鄂開辦，後幾經波折，直到光緒十八年（一八九二）才算正式開始建廠。十九年（一八九三）廠房落成，機器到齊，本廠廠址在漢陽大別山麓，前瀕襄河，東臨漢陽鐵廠，全區以槍砲廠爲主，佔地二百三十七畝，槍廠砲廠迤西相距六七里爲煉鋼廠（非漢陽鐵廠）及火藥廠，佔地二千一百畝，規模極爲宏濶，後因經費被挪用，故廠務一直無法展開。更不幸的是槍砲廠在光緒二十年（一八九四）夏間遭受了一場大火，機器頗受損失，一直到二十二年（一八九六）才陸續開工，這已是甲午戰後的事，故不多加敍述。

二十、陝西機器局

本局創於光緒二十年（一八九四），由陝西巡撫鹿傳霖奏請將前甘肅舊存機器運陝使用而成立，局址設於西安風火洞旁，所生產軍火，只限子彈一項，雖也兼修軍械，因其規模甚小，所產供給省內各地尚嫌不足，故無任何發展可言。

以上是甲午戰爭前全國各地兵工廠之大概情形。

【附註】

註　一　本表參照：王爾敏撰：「清季兵工業的興起」（台北市，中央研究院近代史研究所，民國五十二年七月，初版，該所專刊之九），頁一二五－一二六。王信忠撰：「福州船廠之沿革」，收入「中國近代史論叢」第一輯第五冊自強運動（台北市，正中書局，民國七十年八月，台七版），頁一〇三－一三三。

註　二　見王爾敏撰：「清季兵工業的興起」，頁一〇五。

註　三　見孫正容撰：「咸同間購輪還輪事件始末記」，文瀾學報二卷二期（民國二十五年六月），頁一－一三。

註　四　同註二，頁一〇五－一〇六。

註　五　見容閎撰：「西學東漸記」（台北市，廣文書局，民國五十年九月，初版），頁八八。

註　六　見李鴻章撰：「李文忠公全集」（台北縣，文海出版社，民國五十七年五月，初版），朋僚函稿，卷一，頁一九，上曾相（同治元年四月初二日）。

註　七　見中央研究院近代史研究所編：「海防檔」（台北市，該所，民國四十六年），機器局，頁三。

註　八　見魏允恭撰：「江南製造局記」（台北縣，文海出版社，近代中國史料叢刊四〇四冊），頁一四七。

註　九　同註八，卷七，槍略，頁八五五－八五八。

註一〇　同註八，卷三，製造表，頁三一九－三八五。

註一一　同註一〇。

註一二　參見包遵彭撰：「中國海軍史」（台北市，中華叢書編委會，民國五十九年五月，初版），下冊，頁五八九－五九二。王爾敏撰：「清季兵工業的興起」，頁八二附表。

註一三　見左宗棠撰：「左文襄公全集」（台北縣：文海出版社，近代中國史料叢刊第六四一—六四九冊），奏稿，卷一八，頁一，擬購機器雇洋匠試造輪船先陳大概情形摺（同治五年五月十三日）

註一四：同前書，奏稿，卷二〇，頁六二，詳議創設船政章程購器募匠教習摺（同治五年十一月初五日會銜）。

註一五　同註一二，頁五七三—五七五。

註一六　同註一二。

註一七　同註二，頁八五—九〇。

註一八　福建機器局建置經過，見中央研究院近代史研究所編：「海防檔」，機器局，頁八一〇。

註一九　見王文杰撰：「十九世紀中國之自強運動」，福建文化三卷二期（民國二十六年十二月），頁一三。

註二〇　同註二，頁一一三。

註二一　同註二，頁一一五。

註二二　見張之洞撰：「張文襄公全集」（台北縣：文海出版社，近代中國史料叢刊第四六三—四七〇冊），電牘四，頁一五，致龍州李護撫台（光緒十一年九月初九日發）。

第四章　海軍之軍備

在進入本主題之前，作者想把自強運動中海軍的大事，先列表說明，期能對後文所討論的主題或項目，提供一較完整的概念。本章所指的海軍，是指現代化或西化的海軍，因爲它不論在訓練、裝備、編制……等方面都和我國古有的海軍（即通稱的水師）有極大的差別，所以應畫清界限。至於當時一般人的觀念，認爲西人東來所依恃最厲害的武器不外乎「船堅砲利」，而船、砲其實就是指海軍，因此整個自強運動的重心，幾乎全放在海軍上。中國現代化的海軍也由此誕生。

第一節　近代中國海軍大事紀年

道光十八年（一八三八）：湖廣總督林則徐，燒焚英商鴉片。英國政府派兵船兩艘來粵。

道光十九年（一八三九）：英將伯麥，率兵艦三十餘艘來襲。

道光二十二年（一八四二）：英艦兵臨南京城下，清廷求和，簽訂南京條約。

同治元年（一八六一）：總理各國事務衙門商令海關總稅務司李泰國（Horatio Nalson Lay）在

英訂購兵船，大小凡七艘。即金台、一統、廣萬、得勝、百粵、三衞、鎮吳等。是爲向外國購艦之始。

同治二年（一八六二）：七船成，聘英人阿思本（Sherard Osborn）爲幫統，酌配員勇，駕駛回華。嗣因李泰國報銷前後不符，故又退還英國。後又由李泰國購得天平輪船，爲巡緝之用。總理衙門以黃質三角式旗，鑲飛龍戲珠，龍藍色，珠赤色。

同治四年（一八六四）：曾國藩於上海虹口，奏設製造局，以備自造船砲。

同治五年（一八六五）：左宗棠議興船政以爲：「非設局急造輪船不爲功」又以福建馬江一帶水深土實，開漕濬渠可爲建廠之地。以上曾、左之言可爲振興海軍之第一建議。

同治六年（一八六六）：沈葆楨總理船政，購機器，築廠塢，開前後兩學堂，以法人日意格（Prosper Giguel）和德克碑(P. A. Nenue D'Aiguebelle)爲正副監督，並僱用法國工匠數十人，敎導華工，並學習製造駕駛等技術，再者，原上海虹口製造局李鴻章將之遷於高昌廟，建造廠塢，名曰江南製造局，從事造船。又廣東總督瑞麟，向英國訂購兵船六艘，定名爲安瀾、鎮濤、澄清、綏靖、飛龍、鎮海。

同治七年（一八六七）：夏，江南製造局製成惠吉兵船，此乃我國自製的第一艘輪船。安瀾等六船先後到華。瑞麟復向法國訂購澄波兵船。

同治八年（一八六八）：福州船政局，製成萬年青兵船。上海製造局製成測海、操江兩兵船。閩浙總督購海東雲兵船，以爲巡緝台灣沿海之用。福州船政局購德國帆船，爲學生練船，取名建威。

同治九年（一八六九）：福州船政局製成優波兵船。又派學生嚴宗光（後改名復）等十八人，幷外學堂各生，登建威練船練習。南巡新加坡、檳榔嶼各口岸，北至直隸灣、遼東灣各口岸，此爲我海軍學生出海巡弋之始。

同治十一年（一八七一）：福建船政局製成安瀾、鎭海、揚武、飛雲、靖遠等五艘兵船。

同治十二年（一八七二）：江南製造局製成海安兵船。福建船政局製成振威兵船及永保、海鏡兩艘運艦。

同治十三年（一八七三）：福建船政局製成濟安、琛航、大雅三艘運艦。

福建善後局向美訂購福勝、建勝兩砲船。

安瀾、大雅兩船在台灣安平旂後遭風沉沒。

日本以商船擱淺於狼喬，被生番奪取事件，派兵登陸狼喬。

光緒元年（一八七五）：江南製造局製成馭遠兵輪。

福建船政局製成元凱兵船。

北洋大臣令總税務司赫德（Sir Robert Hart）在英購砲艦四艘即龍驤、虎威、飛霆、策電。

南洋大臣向英訂購砲艦四艘，即鎭東、鎭西、鎭南、鎭北。

以揚武兵船爲練船，將建威號所有練習生移入，復添派薩鎭冰等十三人登艦見習，航行外海，遊歷南洋各埠，至日本而返。

沈葆楨以日意格回國之便，派學生劉步蟾、林泰曾、魏瀚、陳兆翔、陳季同等隨赴英法遊歷，並訂辦七百五十四鐵脇船一艘，其輪機由英廠承辦，鐵脇由法廠承辦，運歸閩廠鑲配，命名威遠。

光緒二年（一八七六）：春，日意格先帶劉、林、陳回華，魏、陳仍留法廠學習。

江南製造局製成金甌小鐵甲船。福州船政局製成藝新登、瀛洲兩兵船。

福勝、建勝兩兵船到華，龍驤、虎威兩砲艦到華。

福州船政局派製造學生鄭清濂等十九人，駕駛學生劉步蟾等十二人分赴英法各國留學，此爲船政局第一屆出洋學生。

光緒三年（一八七七）：福建船政局製成泰安、威遠兩兵船。龍驤、虎威兩砲船駛往澎湖駐防。

飛霆、策電兩砲船到華。

光緒四年（一八七八）：福建船政局製成超武兵船。

北洋大臣派道員許鈐身爲水師督操。率龍、虎、霆、電四砲船北上。六月，北洋大臣親臨勘驗，並令分防大沽、北塘兩海口。

沈葆楨奏定各省協款每年解南北洋各銀兩百萬兩，以專儲爲籌辦海軍之用。期以十年成南洋、北洋、粵洋等三大海軍艦隊。

西太后挪用海軍專款二千餘萬以修築頤和園，種下了日後甲午戰敗之第一因素。

光緒五年（一八七九）：福建船政局製成康濟兵船。向英國訂購鎭中、鎭邊兩砲船，超勇、揚威兩碰快船。十月鎭東、鎭西、鎭南、鎭北四砲船到華。代山東省向英廠訂購鎭中、鎭邊兩砲船。李鴻章奏留記名提督丁汝昌在北洋差遣，旋派督操砲船。冬，沈葆楨卒於兩江總督任所。沈卒後，海軍之規劃，遂專屬李鴻章，乃設水師營務處於天津，辦理海軍事務，以道員馬建忠負責一切職務。

光緒六年（一八八〇）：在天津設立北洋水師學堂，以嚴復爲總教習。福建船政局製成澄慶兵船。北洋大臣向德國訂購定遠、鎭遠兩鐵甲艦。濟遠穹甲艦，派劉步蟾、魏瀚、陳兆翶、鄭清濂在德監造，並派管輪學生陸麟清、帶領匠首黃帶、林祥光等十名到德國隨同學習。以龍、虎、霆、電四砲船歸南洋差遣。七月，浙江著匪黃金滿、肆擾台州。派超武兵船往勦，管帶葉富不幸戰死。向赫德商借葛雷森（Capt. Clayson）、哥嘉（Capt. Cocker）章斯敦（Capt. Johnstone）等三人，到軍差遣，派葛爲總教習，哥爲督操、章爲教習。率鎭東、西、南、北四砲船赴渤海梭巡。至海洋島，鎭南觸礁，後出險，管帶鄧世昌撤任。

光緒七年（一八八一）：八月，在大沽海口選購民地，建造船塢一所，鎭中、鎭邊兩船到華。

九月超勇、揚威兩船到華，此行爲中國龍旗第一次航行海外。至大沽，李鴻章親出驗收，並乘赴旅順，察看口岸形勢。

北洋大臣奏請以提督丁汝昌統領北洋海軍。奏改三角形國旗爲長方形，以縱三尺，橫四尺爲定制，質地、章色不變。

於大沽設水雷營，水雷學堂。旅順設水雷魚雷營，挖泥船，威海衞設魚雷局機器廠，於旅、威等處並設屯煤所。

選李鼎新等十人，出國留學，是爲船政局第二屆出洋學生。

光緒八年（一八八二）：北洋大臣向德國購單雷艇四艘。粤督向德國訂購雷艇三艘，取名爲雷龍、雷虎、雷中。

江南製造局購商船，改造以爲防緝之用，名曰鈞和。

聘英人琅威理爲總查，職司訓練，軍容爲之整肅，始與外人往來，講求迎送慶弔，鳴砲交接之禮。

光緒九年（一八八三）：福建船政局製成開濟碰快船。

南洋大臣向德國購南琛、南瑞兩巡洋艦。

光緒十年（一八八四）：福建船政局製成鏡清碰快船。

粤督向德國購雷艇八艘，以八卦命名，即雷乾、雷坤、雷離、雷坎、雷震、雷艮，雷巽、雷兌。

二月、總理衙門請設海軍專部。五月，李鴻章出海巡閱。

八月二十三日，法提督孤拔（A.P. Courbet）率兵船十三艘來閩，由其駐閩領事，派天主教士，遞戰書於閩督何璟，向中國開戰，是爲中法甲申之戰，我軍閩海之艦隊，幾爲敵人消滅殆盡。

光緒十一年（一八八五）：正月，澄慶、馭遠二艦爲法軍雷砲轟沉。

江南製造局製成保民鋼板船。

北洋大臣向英廠訂造致遠、靖遠兩穹甲艦，派林鳴塤、張啓正、陳和慶監造，又向德廠訂造經遠、來遠兩穹甲艦，派曾宗瀛、裘國安、黃戴監造。

九月，海軍部衙門成立，派醇親王總理海軍事宜，慶郡王李鴻章爲會辦，善慶、曾紀澤爲幫辦。

十月定遠、鎭遠、濟遠三艦到華。

十一月選劉冠雄等十人，船政駕駛員黃鳴球等十四人，製造員鄭守箴等十四人出洋深造。此爲出洋留學第三屆留學生。

光緒十二年（一八八六）：向德國購福龍魚雷小艇一艘。

正月十八日，醇親王允許籌備旅順澳石隖工程款項。

二月，橫海兵船，在澎湖遇霧觸礁沉没，管帶忻成發革職，永不敍用。

七月，南洋大臣曾國荃派吳安康，統帶南琛、南瑞、開濟三快船赴朝鮮、仁川、漢城操巡，再赴長崎與丁汝昌部會哨東瀛。

光緒十三年（一八八七）：福建船政局製成寰泰碰船、廣甲兵船。

北洋大臣向英訂購左一出海魚雷大快艇一艘。向德訂購左二、左三、右一、右二、右三魚雷艇五艘。又訂購導海挖泥船一艘。

五月，萬年青海軍運船，在東沙洋面，被英公司船撞沉，英人賠償損失。

三年前訂購之致遠、靖遠、經遠、來遠四快船工竣，派琅威理(Cbpt. William M Lang)前往驗收。

冬，北京設水師學堂於昆明湖。廣東設水師講堂於黃埔。

光緒十四年（一八八八）：三月，醇親王電囑李鴻章，擬定海軍章程。

五月，朝鮮人民仇視洋人，派超勇前往保護。

六月七日，李鴻章函呈海軍章程。

八月，海軍衙門奏定海軍官制。十一月，購帆船一艘，爲訓練船名曰敏捷。

光緒十五年（一八八九）：福建船政局製成平遠鋼鐵甲船及廣庚兵船。

光緒十六年（一八九〇）：福建船政局製成廣乙魚雷快船。北洋海軍總查琅威理辭職。

四月，北洋設水師學堂於劉公島。

八月，靖遠船在朝鮮海觸礁。

南洋大臣設水師學堂於南京。

光緒十七年(一八九一):福建船政局製成廣丙魚雷快船。正月,俄太子來華遊歷,派致遠、靖遠赴香港隨護。

二月,海軍衙門奏派大臣出海會閱北洋合操。旅順船塢告成。

光緒十九年(一八九三):福建船政局製成福靖魚雷快船。粤督譚鍾麟,將前建水師講堂改為水師學堂。

十二月十八日,李鴻章函議兵輪分期大修。

光緒二十年(一八九四):甲午,福建船政局製成通濟練船。

由英購到福安砲艦。

以上是中日甲午戰爭前,有關我國海軍之重要記事。由上述記事,可略窺新式海軍發展之大概(註一)。

【附註】

註一 本節所列事件,參考郝培芸撰:「中國海軍史」(北平,武學書館,民國十八年,初版),頁一—八〇頁。

第二節　海軍之訓練及教育

一個軍種的兵力，主要來自兩部分：一是有形的，即是火力軍器的裝備，一是無形的，即平時的教育和訓練。本節先針對當時的教育及訓練加以探討，至於有形的武力則留待下節討論。我國近代的海軍教育肇始於同治五年（一八六六）福州船政學堂的設立。它是我國最早的海軍人才的搖籃。其後因各地的需要，又有許多海事學堂的設立。以下依時間之先後將甲午戰前設立的學堂列一表，然後再將較重要而有代表性的學堂，其組織，訓練、課程等特色加以說明。另有一部分的人才是經由留學途徑而造就的，但是由於他們幾乎全部是出自福州船政學堂的學生，所以並不需要另立章節來介紹，而併入福州船政學堂的部分。茲將甲午戰前所創立的海軍學堂列表如左：

創立時間	地點	校名	備註
同治五年（一八六六）	馬尾	求是堂藝局	即福州船政學堂
光緒五年（一八七九）	天津	電機水雷學堂	
光緒七年（一八八一）	天津	水師學堂	
光緒七年（一八八一）	大沽	水雷學堂	

光緒十三年（一八八七）	北　京	水師學堂	即昆明湖水師學堂
光緒十三年（一八八七）	廣　州	水陸師學堂	
光緒十六年（一八九〇）	劉公島	水師學堂	
光緒十六年（一八九〇）	江　寧	水師學堂	
光緒十六年（一八九〇）	威海衞	水師學堂	
光緒十九年（一八九三）	黃　埔	水師學堂	
光緒二十年（一八九四）	威海衞	水雷學堂	
光緒二十年（一八九四）	旅　順	水雷學堂	
光緒二十年（一八九四）	旅　順	魚雷駕駛學堂	
光緒二十年（一八九四）	旅　順	管輪學堂	
光緒二十年（一八九四）	煙　臺	水雷學堂	

以上是甲午戰前有關海事學堂設立的時間、地點和名稱（註一）。以下就逐一介紹當時的幾所重要學堂。

一、福州船政學堂

㈠成立過程及其規模

同治五年（一八六六）閩浙總督左宗棠上奏言海防之要及振興之法，後上諭以「務當揀派妥員，認眞講求，必盡悉洋人製造、駕駛之法」，可說是清季自強運動中，舉張近代海軍教育之最初動機。同年七月，法人日意格及德克卑爲左宗棠釐定保約一件，條議十八條，請摺一扣，合同規約十四條，在保約中有：「並開設學堂，教練法國語言文字，俾通算法，均能按圖自造；教習英國語言文字，俾通一切船政之學，能自監造駕駛，方爲教育成效。」這一規定可說是福州船政開辦學堂最早的成文規定。後左氏雖奉調陝甘總督，但仍一面薦擧沈葆楨爲船政大臣，一面「開設學堂，延致熟悉中外語言洋師，教英、法兩國語言、文字、書法。名曰：『求是堂藝局』，挑選本地資性聰穎，粗通文字子弟入局肄習。」堂址初「於城內暫設兩處，城外分設一處」，城內在自白寺、仙塔街；城外在亞伯爾順洋房。而沈氏以丁憂之故，直到同治六年六月十七日始到任視事。到任之初，即「就馬尾甄別法學藝童，隨及英學藝童。旣因其勤惰，分別升降。」（註二）這裡所謂法學藝童就是指讀法文，學習製造的學生；所謂英學藝童者，就是指讀英文，專門學習駕駛的學生。同年九月，船政正監督日意格帶同洋員、洋匠十二人抵馬尾，時船政廠房已大部完成。外國匠房之左爲法國學堂，其左爲英國學堂，兩堂因其地處前後，故也稱前後學堂。同年冬天，馬尾兩學堂址落成，將原設於亞伯爾順洋房藝童，歸入前學堂，習法文，教授製造，故亦稱製造學堂；其設於白塔寺、仙塔街兩處藝童，併於後學堂，習英文，教授駕駛，時亦稱駕駛學堂。同治七年（一八六八）增設管輪學堂，不久被併入後學堂，故亦稱駕駛管輪學堂。後來，因應需要，續增設有繪事院和藝圃，繪事院主要目的在訓練匠人學繪船圖、機器圖，附屬於前學堂內。至於藝圃則在訓練華匠使用機器。總之，福建船政學堂（求是堂藝局）主要包有前學堂（製造學堂）、後學堂（駕駛管輪學堂）、繪事院及藝圃等。

㈡課程及學制

本學堂於同治五年（一八六六）十一月正式招生，因爲當時風氣未開，所以應試的人很少，而且大多是屬於閩省附近地區家境淸寒的人，所以在招生上很艱難，而所招到的學生中，又有一個特色即廣東及外省人，多係學習駕駛，而製造純是閩人，因爲初期招生不易，所以後來續招就改爲推舉保送的辦法，即由在局生童，各舉所知，畫押送保，生員廿五歲以內，童生廿歲內，已經剔退者，不得更名投考。這種保送的制度，雖經可以主動延致優秀的生童，同時瞭解其家世，但是積久弊生。演變爲相互援引鄉黨，種下以後海軍鄉土觀念和門戶學派的分歧，影響後代極大。雖然最初投考的人少，但是在左、沈輩主持下，入學考試及學習中的考核，淘汰制度却很嚴格。教學的主旨雖然是傳習西洋技藝，但對於傳統倫理和人文教育也很重視。第一次招生，入學試題是「大孝終身慕父母論」（註三）。一共錄取了嚴復等數十人。都是民間十多歲粗解文義的幼童。同治五年十二月初一開學，這是我國近代海軍學校的發軔。

開學的初期，因恐藝童和洋教習在言語上有所隔閡，乃聘中國人而知英文者如黃紹本、林憲曾當助教，課授英文及數學，以作爲預備課程，而兩學堂課程除技藝教育外，同時也注意文史教育。開始的時候，「各行知識，歷年以來，疊加研究，隨時變通，所用之書，向無一定書目。」大抵前學堂重在學習西洋機器，製造輪船，入局二年之後，加以操演洋槍，學生於第一年甄別三考之後，列爲優等者學習製造，其算法、文理稍次者，改派繪事院專習繪圖。此繪事院之所以附屬於前學堂之因。而後學堂則重在管輪和駕駛之學，駕駛課目所學課程，依嚴伯玉撰京卿先府君年譜記載爲「英文、算術、幾何、代數、解析幾何、割錐、平三角、代積微、動靜重學、水重學、電磁學、光學、音學、熱學、化學、地質學、天文學、航海術等。」以上是常課，另外依照沈葆楨所定的章程中還要在「每日常課外，令讀聖諭廣諭、孝經，兼習策論，以明義理。」（註四）並在光緒五年，又改訂章程，「凡休息時間，靜誦孝經、聖諭，由提調呂耀斗到堂督各生默寫。光緒八年，已改爲禮拜三講解左傳、古名人傳，兵書。禮拜日出題作論一篇。由漢文敎習評點記分，此爲前後兩學堂之通例。」（註五）

至於學堂之學制及管理規則依照左宗棠「詳議創設船政章程購器募匠敎習摺」，曾奏定藝局章程八條（註六）。關於學生生活方面，規定「各子弟到局學習後，每逢端午、中秋，給假三日。度歲時於封印日回家，開印日到局。凡遇外國禮拜日亦不給假。每日晨起夜眠，聽敎習洋員訓課，不准在外嬉遊，致荒學業。不准侮慢敎師，欺凌同學。」（以上爲第一條）「各子弟到局後，飯食及患病醫藥之費，均由局中給發。患病較重者，監督驗其病，果沉重，送回本家調理，病痊後即行銷假。」（以上爲第二條）至於在學待遇方面，除了上列的醫藥費由學堂負擔外，「各子弟飯食，既由藝局供給，仍每名月給銀四兩，俾贍其家，以昭體恤。」（以上爲第三條）第三條後來爲鼓勵學生學業，贍銀續有增加。至於在課業考試方面規定：「開藝局之日起，每三個月考試一次，由敎習洋員，分別等第，其學有進境，考列一等者，賞洋銀十圓；二等者，無賞無罰；三等者，記惰一次；兩次連考三等者，戒責；三次連考三等者，斥出。其三次連考一等者，於照章獎賞外，另賞衣料，以示鼓舞。」（以上爲第四條）「藝局內宜揀派明幹正紳，常年駐局。稽查師徒勤惰，亦便剽學藝事，以擴見聞，其委紳等，應由總理船政大臣遴選給委。」（以上爲第六條）其學制，一般修業年限，前學堂通常爲八年，後學堂通常爲五年。該章程第五條規定：「子弟入局肄習，總以五年爲限。於入局時取具其父兄及本人甘結。限內不得告請長假。不得改習別業，以取專精。」前學堂因習製造，所以年限較長，「亦有在堂十餘年，尙未派有差委者」；至於後學堂五年中，在學堂時間及上船練習時間之如何分配，原章程雖未明言，但是後來「北洋海軍章程」「招考學生例」所載：「凡學生在堂肄業四年，由北洋大臣大考，擇其中式者；派上練船，在船練習一年。」（註七）而北洋海軍之章程大抵仿自船政成規，因此，大致上的情形是適用的。

㈢海上實習及各科教育概況：

本學堂創設之目的無非是在造就生徒，使通船政之學，堪任駕駛，基於這個目標，所以海上的實習是必然的。同治九年（一八七〇）以派下第三號八十四馬力輪船，改爲學生的練習船，定名爲福星，但這只是暫時的權宜措施，因爲該船容量，一次僅能挑選十名學生上船，所以尙未能出洋實習，直到同年十二月始以銀一萬二百八十二兩八錢一釐四毫的價錢向德國購買一艘叫馬得多的舦板船，並更名爲建威。經過一番整修後，本船遂成爲駕駛及管輪學生實習的練船。同治十年（一八七一）派學生嚴復、劉步蟾、林泰曾、何心川、葉祖珪、蔣超英、方伯謙、林承謨、沈有恒、林永升、邱寶仁、鄭溥泉、葉伯鋆、黃建勳、許壽山、陳毓淞、柴卓群、陳錦榮等十八人，並與外學堂各生，登建威練船，練習巡歷。北至直隸灣、遼東灣各岸，南到新加坡、檳榔嶼等地，此爲第一次出洋實習（註八）。其後於同治十一年、十二年等皆曾出洋實習，並隨船學行實地測驗。結果，張成、呂翰二人爲駕駛課之冠，劉步蟾、林泰曾、蔣超英爲算法量天課之冠，後來依此成績拔張、呂爲閩省海東雲、長勝兩輪船之管駕。同治十三年（一八七四），日意格請將楊武輪政改爲練船，並延請總教習、幫教習、砲教習、帆教習等四個職務，以使學生更加精進。光緒元年（一八七五）奏准並延請英國水師總兵德勒塞（Capt. Tracey R.N.）爲總教習，閔順爲帆教習、阿務德爲砲教習，並按計畫率學生出洋實習，但光緒五年（一八七九）以後練船課程就未再舉辦，直到十四年（一八八八）由江南調回靖遠輪船改爲練船，才再度有自己的練船。同年十一月，購買帆船一艘以爲練船，名曰敏捷。以後練船的事，遂漸漸廢弛，光緒十四年以後，學堂已沒有專設的練船，而練船的課程，徒具虛名而已。（註九）

至於教育概況，初期有左、沈等人的認眞籌備成績大致不錯。如前學堂習製造的學生，不僅能仿照西人成式，放手自造，而且更進一步獨出心裁，建造了自強運動中第一艘新式的輪船藝新號。另外據丁日昌的報告，對於當時成績好的學生，有如下的記述：「前學堂學生文筆通達，明於製造理法者，以李壽田、游學楷、羅臻祿、吳德章、鄭清濂、汪喬年爲最；書院學生善於布算繪圖者，則以古之誠，林滋熿爲最。……後學堂老班學生已上揚武練習。在堂者皆年來新招，內惟林占熊、羅熙祿、唐祜、許兆其、鄺聰、陳燕平、頗得算學門徑。」（註一〇）至光緒二年（一八七六），先後有第一屆駕駛學生羅豐祿、劉步蟾、林泰曾等卅三名已畢業，第二屆薩鎭冰、葉琛等十三名，第三屆林履中、藍建樞等人時已先後上揚武練船。後來，亦漸漸廢弛。到光緒十三年（一八八七）七月，甚至有以學堂學生堪以上船練習者無多，乃將後學堂學生七人附入北洋威遠練船學習的事，可見當時已不若初期之謹飭從事。

㈣留學：

同治十二年（一八七三）沈葆楨於檢討多年來船政建設之成就及大局後，主張在培養人才方面「欲日起而有功，在循序而漸進，將窺其精微之奧，宜置之莊嶽之間。前學堂習法國語言文字者也，當選其學生之天資穎異，學有根柢者，仍赴法國探究其造船之方，及其推陳出新之理；後學堂習英國語言文字者也，當選其學生之天資穎異，學有根柢者，仍赴英國深究其造船之方，及其練兵制勝之理。」（註一一）這是派學童出洋留學的主要動機。後經李鴻章的同意，於同治十三年（一八七四）間，由日意格草擬出洋章程，其內容主要包括二項：一是「法學章程」（即指赴法留學生之章程），一是指「英學章程」（即指在英學習的程序），其內容辦法如左：

法學章程之規定：

1.在法國地方，各學生應合住一所。委員亦住其間，以便稽查。

2.有遇懲責學生事件，歸委員辦理。

3.學生在屋遇有他事出門，應向委員說明，准而後行，其每日到廠到工，或委員或洋敎習均應往返領帶之。

4.禮拜日不到廠，上半日在屋讀書。下半日或委員或洋敎習帶領出門散步。

5.學生所住之屋：要離大廠不遠。並應挑水土潔好之地方，以免久住生病。

6.每三個月由監督甄別一次，其名册分數寄呈船政衙門察驗。

7.學生遇有病患，應請外國醫員為其診治。

8.學生住房，應設外國僱理四名灑掃伺應。

9.各學生寄致家書，彼此來復，每月計各四次，其信貲由局發給。

10.每年兩月到西洋各國觀看學習、委員洋敎習均應偕行。

11.出洋學生萬一水土不服，難期久住，應斟酌剔回。其遺缺請由閩送補。

12.所開洋敎習束金，係就學生卅名以內估算。如增加五名，歲應加束一千元，增出十名，歲應加束二千元。

13.每年駐洋委員將一年用費册報船政衙門，倘正款有餘，仍涓滴歸公。若正款實有不敷之處，由委員隨時禀報衙門補給。

14.赴洋後年復一年，若閩局以此舉辦有成效，更議廣招生及增習他學。監督及委員等理應效勞。其薪水均應仍照向額，不得因事緊請增。

(1)藝童課程

第一年學習：重學統論，畫影勾股，水力重學、汽學、化學、輪機製造法、法國語言、畫圖。

第二年學習：輪機重學、材料配力之學、輪機製造法、水力重學、化學、王聖學、房屋製造法、法國語言、畫圖。

第三年學習：輪機重學，輪機製造法，挖鐵學、挖煤學、船上輪機學、鐵路學、法國語言、畫圖。

以上三年各學生合同學習，所有重學統論，計可學完。以後分就各廠練習廠藝，三年以後擬分三廠。一分造船廠，一分輪機水缸廠、一分鎗砲廠。

(2)藝徒課序

第一年：畫影勾股、算學、代數、勾股、畫學、法國語言。

第二年：畫影勾股，重學統論、汽學、畫圖、法國語言。

第三年：重學統論、製造輪機學、水力重學、輪機重學、汽學、化學、畫圖、法國語言。

以後四年、五年，各分廠學習工藝。其分習之廠，擬同藝童。

英學章程規定：

1. 駕駛練量，赴英學習，期擬二年。

2. 九個月內，在英國學堂，地名期黎呢士。學天文、畫海圖學、汽學、水師戰法、英國語言。九個月後，赴英國操砲船，地名博士穆德。學各砲各槍砲操法，約六個月工夫，再在該處學畫海圖之學，約三個月。嗣後又赴英國師營，分派各童到各兵船上學習四個月。

3. 前項學生并兵船地方，應由駐京公使咨會英國總理衙門，分赴學習。請先由中國總理衙門，照會駐京英公使辦理。

以上是我國最早的留學生規程，雖然只是草議，但後來所修訂的，內容並無多大差別。至光緒二年（一八七六）五月，日意格與李鳳苞赴津會李鴻章，適有煙台之役，鴻章親睹「英法各船，製法絕精，而駕駛、操練，英尤靈捷嚴整。並見日本年少武弁，在英船隨同操作，是知出洋學習造駛之學，實爲中國海防人才根本。」（註一二）由於此行的印象深刻，於是加速了留學生的派遣舉動，並且先在船政和北洋當局先行作局部性的試辦。首先在光緒元年（一八七五），沈葆楨以日意格回國購機、船之便，派劉步蟾、林泰曾、魏瀚、陳兆翶、陳季同等五名，隨赴英法遊歷，而其中劉、林二人係後學堂駕駛學生。至於北洋方面，亦在光緒二年（一八七六）三月乘僱員李勱協回德之便，於天津各砲營挑選年少聰明武弁五人，交李帶同出洋，赴德國武學院學習水陸軍營各技藝（註一三）。以上兩者爲我國日後正式派遣船政學生留洋之先驅。同年十二月選定了第一批出洋的留學生和隨員。其中名單如下：聘日意格爲洋監督，李鳳苞爲華監督，隨員馬建忠，文案陳季同，翻譯羅豐祿，製造學生有鄭清濂，李壽田，吳德章，梁炳年，陳林璋，池貞銓，楊廉臣，林日章，張金生，林怡游，林慶昇等十二人。藝徒有裘國安、陳可會、郭瑞珪、劉懋勳、王桂芬、張啓正、呂學鏘等七人，駕駛學生有劉步蟾、林泰曾、蔣超英、方伯謙、嚴宗光（後改名復）、何心川、林永升、葉祖珪、薩鎮冰、黃建勛、江懋祉、林穎啓等十二人連同先期已在法的魏瀚、陳兆翺，總共卅二人，他們於光緒三年（一八七七）二月十七日離閩，由官輪「濟安」送到香港，再轉搭輪船分赴英法，而成爲船政學堂的第一屆留學生。光緒六年（一八八〇）學成歸國，除梁炳年染病身故外，其餘都陸續回國，其中嚴復成績最優，在格尼次官校，成績屢居優等。可是回國後卻沒有被重用，其餘大抵不是江南製造局造兵船，就是被北洋調用。至於他們出國的花費，總共用去公帑約十九餘萬兩。光緒七年（一八八一）續選派出第二屆出洋的學生，計有前學堂製造學生王慶端、黃庭、李芳榮、魏暹、王福昌、王迴瀾、陳伯璋、陳才鍴等八人；後學堂駕駛學生李鼎新、陳兆藝等二人，總共十人。洋監督還是日意格，華監督仍是李鳳苞，翻譯陳季同，文案錢德，唯以上四人均不再給薪資，一律爲義務職。出國後，因一切課程督導，無專人負責，故其一般成績較第一屆稍差。其中王慶端因患腕部疔瘡開刀致死，陳伯璋因學魚雷自費購試藥，致負債過多，而李鳳苞未予協助，因而自縊而死。其餘皆陸續回國。本次的花費大約在十萬兩左右。光緒十一年（一八八五）派遣第三屆留學生出洋。本次的人選是從各艦隊和水師學堂及船政學堂中挑選的，並不像先前兩次幾乎清一色是福建船政學堂的學生。其名單如下：學習駕駛的有北洋艦隊的劉冠雄、陳恩燾、曹廉正（後改名廉箴）、天津水師學堂的伍光鑑（後改名光建）、鄭汝成、陳杜衡、王學廉（後改名劭廉）、沈壽堃，及副教習陳燕年（改名伯函）、黃裳吉（改名裳治）及船政駕駛學堂的黃鳴球、羅忠堯、賈凝禧、鄭文英、張秉圭、羅忠銘、周猷琛、邱志港等十八人；學習輪機的有船政學堂的王桐和、陳鶴潭二人；學習製造的有船政學堂的鄭守箴、林振峯、陳慶平、王壽昌、李大受、高而謙、陳長齡、盧守孟、林志榮、楊濟成、林藩、游學楷、許壽仁、柯鴻年等十四人。三者共卅四人。其中黃裳吉因在北洋砲艦管帶未及回閩，所以實際只有卅三人。光緒十二年（一八八六）三月由華監督周懋琦率領至港搭輪出洋。至於洋監督一職，因日意格病故而改聘斯恭塞格（De Segonzac）接任。本屆留學生另有一特色即修業年限加長，直至光緒十七年（一八九一）因經費困難才一概飭令回國。其中陳鶴譚在洋病故，林志榮因咯血返國不久即去世。以上爲第三屆留學生的大概情形（註一四）。

總計三次之留學生人數，共有七十六人，大多數人皆學成歸國，惜未爲當政者所重視，大多數投閒置散或大才小用，實甚可惜。

二、天津水師學堂

光緒五年（一八七九）沈葆楨卒後，海軍之規劃專屬於李鴻章。光緒六年（一八八〇）七月，因北洋艦隊需管輪駕駛人才，於是特別奏准於天津設立水師學堂，並以吳贊誠爲總辦，後因吳病就醫，改派吳仲翔爲總辦，嚴宗光（後改名復）爲總教習。七年開始招生，校址設於天津衙城東三里處。開始時只是水師駕駛學堂，後以管輪人才需求甚夥，於光緒八年（一八八二）四月將天津水雷電報學堂改組爲水師管輪學堂。因堂址和學堂相毗連，所以合併。天津水師學堂的規模乃更完備。在編制上，駕駛學堂設有總辦一人，監督一人，正教習一人，副教習人數不定、文案一人，操教習一人，司事一人，漢文教習一人，醫官一人，書識二人、洋號手一人、洋鼓手一人，學生數額爲三班一百二十人，管理學堂則設總辦一人，（駕駛學堂總辦兼）、監督一人、正教習一人，副教習人數不定；司事一

人，其餘均由駕駛學堂兼理，學生數額亦爲一百二十人。（註一五）

本學堂之規章多仿自福建船政前後學堂，即令課程、學制亦大體依其成規，只有少許不同。駕駛學堂課程規定，分內堂課目及外場課目兩種，內堂課目有國文（讀經、論說）；英文（文法、信札），國家讀本（各國地理大要、本國史地大要）、數學（代數、幾何、立體幾何、三角）、天文學、航海學、海上測繪、大量學、靜力學、靜水學等。外場課有：單人教練步兵操練法，信號學、成隊教練、成營教習，槍砲法理，升桅操練，砲彈及引信理法。管輪學堂課程，亦分內外課，內課有：英文、地輿、教學（幾何、代數、三角）、化學、格致學、重學術、重學理、物質學、水學、火學、汽學、力學、馬力學、鍋爐學、製造橋樑學、製圖配造機件學，輪機全書、煤質學、繪式幾何學、繪圖學、手藝工作學、魚雷學等；至於外場課則和駕駛學堂相同。（註一六）爲了鼓勵考取學生的學習心，所以依照福建船政學堂之例，按考試等第給予贍銀家用。其標準大略如下：「凡考取各生列二等者，月給贍銀四兩，列三等者月給贍銀三兩，由三等考拔二等及二等考拔一等者，均月加贍銀一兩，由一等考拔優等者，月加贍銀五錢，取列優等以後，須按該學堂季課積次併計。其三次考列原等前六名，再月加贍銀五錢，加至十兩爲止，以示限制，而期鼓勵。」至於其修業年限，初期較短，後來逐漸加長。（註一七）光緒十一年（一八八五）第一屆駕駛班學生已能畢業，轉上練船。第一屆的修業年限只有三年，因當時需才甚急之故，到了後期則是愈來愈嚴格，修業期限甚至到七年者，即堂課四年，船課三年，由於本學堂愈辦愈好，到後來連威海衞水師學堂和北京昆明湖水師學堂的學生也都附入本堂的考核敎育。直至甲午戰前本學堂駕駛班一共畢業了四屆學生，即第一屆謝寶璋、鄭汝成、伍光建（原名光鑑）等三十名；第二屆曾兆麟等二十名，第三屆劉秉鏞等十九名。第四屆曾宗鞏等十九人，一共八十八人。至於管輪班亦有四屆畢業生，即第一屆劉國幀等十九人，第二屆嚴文炳等十三人，第三屆吳毓麟等十六人，第四屆謝天祐等十一人，一共五十九人。（註一八）

三、昆明湖水師學堂

這是一所專門訓練滿人爲海軍人才的學校，光緒十三年（一八八七）醇親王奕譞奉命巡閱北洋，後以「水師人才，以駕駛管輪學堂爲根本」（註一九）並想造就滿人中的海軍人才，於是就選擇頤和園西垣外昆明湖左近，建校舍講堂百餘間，成立昆明湖水師學堂，也稱爲內學堂。

本學堂在章程上均仿照天津水師學堂，其編制設總辦一人，提調一人，洋文敎員三人，中文敎員二人。最初由八旗火器健銳各營中挑選學生六十人，經甄別後得四十人，光緒十三年十二月開學，至光緒十八年三月畢業，派赴天津水師學堂。一般而言，本學堂的學生素質並不高，學習的成績也不特出，後來經考試合格而赴天津水師學堂深造的勉強湊出廿四人，第一屆學生王喜昌等赴天津時，學堂又招第二屆學生榮惠等四十人補其名額。但是不久，甲午戰敗後，海軍衙門裁撤，本學堂也就停辦，學生跟著解散。

四、威海水師學堂

光緒十五年（一八八九）海軍提督丁汝昌呈請北洋大臣李鴻章代奏，請設立威海水師學堂；俾於堂課之餘，能獲實地兼習槍砲、雷電、船藝等，畢業後即可直接赴艦服務。這是成立這個學堂的主要動機。光緒十五年（一八八九）開始遴派委員，司事，催督工作。十六年（一八九〇）四月起支經費。光緒十五年冬，値艦隊南巡，在上海、廣東各處招取學生三十六名以十五歲至十八歲爲合格，專門學習駕駛，十六年隨艦到港，四月間開始授課，其間並有自費生十人，總共學生四十六人，學校地點在劉公島西南端向南坡上。（故亦通稱劉公島水師學堂）學校規模宏偉，至於操場和應用機械，均是和艦隊共用。本學堂的編制設總辦一人，由丁汝昌兼任；另設委員一人，以李繼剛任之，爲實際負責學務的人。光緒十七年（一八九一）增派丁幼亭爲提調，後以鄭汝成繼之，並有總敎習一人，初爲王學廉擔任，後改爲鄭汝成，另外派馮琦、馬吉芸爲洋敎習，余芝春、譚家復爲漢文敎習。學堂的章制，管理、獎勵等章程，大都是參照天津水師學堂的，唯一的不同是內堂和外場課目。

本學堂的特色是內堂課目和外場課目同時進行的。學科和槍砲、魚雷、水雷和船藝等集中在同一學堂講習，這是當時所有的水師學堂所沒有的。光緒二十年（一八九四）十月，吳紉禮、崔富文、李聖傳等四十六人全部畢業。依照章程，各生放假回籍，後以中日海戰，威海之海軍覆滅，學堂也就停辦。（註二〇）

五、江南水師學堂

光緒十五年（一八八九）冬，詹事老銳，陳海軍事宜一摺，內稱各省宜廣設水師學堂，敎以海軍諸學，爲籌防第一要務；於是議准，咨行兩江總督，轉飭江南籌防局，該局總辦桂嵩慶以添設學堂爲南洋應辦之事，自應舉行，將南洋原設之魯雷等學堂裁撤歸併，經江督曾國荃核准，在十六年五月於南京儀鳳門內花家橋開始建造，八月完成，九月正式開辦。學堂的編制，大都仿照天津水師學堂，初辦時招生一百二十名，分駕駛、管輪兩種。編成三班，每班四十人。後來因經費減少，同時也裁去第三班的四十名學生。而其員司也相對減少。至於學制規定，學生以十五歲以上至二十歲以下合格。修業年限，駕駛科爲堂課五年，船課二年，共七年。管輪科堂課六年，船課半年，廠課半年，亦爲七年。在甲午戰前，本學堂尚無畢業生。此爲本學堂的大略情形（註二一）

本節所述，都是針對自強運動中的海軍訓練和教育的情形而言，至於其有形的武力方面，則留於下節敍述。

【附　註】

註　一　見王文杰撰：「十九世紀中國之自強運動」，福建文化三卷二期（民國三十六年十二月），頁一六—一八。

註　二　見沈葆楨撰：「沈文肅公政書」（光緒十八年烏石山祠刊本），卷四，總理福建船政奏摺，頁五—八，察看福州海口船塢大概情形摺。

註　三　見王遽常編：「嚴幾道年譜」（台北市，大西洋圖書公司，民國五十九年一月，初版），頁四。

註　四　同註二，卷四，總理福建船政奏摺，船政任事日期摺。
註　五　同註二。
註　六　見左宗棠撰：「左文襄公全集」（台北縣，文海出版社，近代中國史料叢刊續輯第六四一－六四九冊），奏稿，卷二〇，詳議創設船政章程購器募匠教習摺（同治五年十一月初五日會銜）。
註　七　見美國國會圖書館藏「北洋海軍章程」，第三冊，頁一二。
註　八　見池仲祐編：「海軍大事記」（北京，海軍部編史處，民國七年，初版），頁二。
註　九　參考包遵彭撰：「中國海軍史」（台北市，中華叢書編審委員會，民國五十九年五月，初版），頁七〇一－七〇六。
註一〇　見中央研究院近代史研究所編：「海防檔乙」（台北市，該所，民國四十六年），福州船廠(二)，頁六九四，總署收軍機處交出船政大臣吳贊誠片。
註一一　同註一〇，頁四七二。
註一二　見李鴻章撰：「李文忠公全集」（台北市，文海出版社，民國五十七年五月，初版），譯署函稿卷六，頁二八，議選員管帶學生分赴各國學習（光緒二年八月二十五日）。
註一三　同註一二，譯署函稿卷四，頁四〇，致德使巴蘭德（光緒二年三月初四日）。
註一四　同註九，頁七四八－七六一。
註一五　同註九，頁七八一。
註一六　同註九，頁七八三－七九〇。

註一七　同註九，頁七八八。
註一八　同註九，頁七九〇—七九一。
註一九　同註一二，奏稿卷六六，頁一七，覆奏部駁海防經費摺（光緒十五年十一月初七日）。
註二〇　同註九，頁七九八—八〇四。
註二一　同註九，頁八〇五—八〇八。

第三節　海軍的武力

本節所指的海軍武力包含兩大部分，一部分是由沿海的港灣所構成的海事防務而言，又可分爲砲台和船塢，一部分是指海軍的艦隊而言，因其來源的不同，又可分爲自造及向外購買兩種，分述如左：

一、就港灣防務而言

㈠在砲台方面：

由於列強的侵擾總是直接的向中國政府重心—北京下手，所以北洋的海防乃列爲當務之急。至於南洋方面，除了爲保護各地重要港灣如馬尾造船廠，上海港等少數重要據點設有砲台外，一般而言，南洋的海防經營是遠不如北洋的，而且海軍經營的大權是操在李鴻章的手中，所以也就更重北洋而輕南洋。光緒七年（一八八一）到光緒十七年（一八九一）十年間，北洋的各港灣如遼東半島的大連、旅順，渤海沿岸的營口，山海關、北塘、大沽，山東半島的登州、煙台、威海衞、膠澳等地也都先後設防，各地都有砲台。至於其類型、數量和分配位置如下：

旅順地區：東岸—黃金山、嶗嵂嘴、田鷄、人字牆等砲台。

西岸—饅頭山、蠻子營、城頭山、老虎尾、威遠等砲台，營口砲台。

山海關：三合土（水泥混凝土）大砲台一，土砲台二。

北塘地區：北岸—砲台一，平台三。

南岸—砲台二，平台七。

大沽地區：北岸—大砲台二，平砲台六。

南岸—大砲台四，周圍小砲台四十。

登州：砲台七。

煙臺：通伸岡砲台、崆岱山砲台。

威海衞地區：柏頂、九峯頂、楊峯頂、謝家所、拐角快、田鷄等砲台。

劉公島地區：日島、南嘴、黃島等砲台。

膠澳地區：青島、坦島、團島等砲台。

以上諸砲台，以旅順砲台建築最早，建於光緒七年（一八八一），其中黃金山和老虎尾兩砲台由洋人漢納根（Major Von Hanneken）監造。漢納根爲德國人，所以仿照德國新式砲台的建法，內砌條石，外築厚土，砲彈很難炸到砲台內的人，同時也炸不裂整座砲台，這和當時其他砲台以石灰和沙土建築

而成的並不一樣，李鴻章曾譽爲「堅大玲瓏，實爲各路砲台未有之式。」（註一）

(二)在船塢方面：

當時在上海及廣東和福建都有船塢，但只能修理吃水廿尺以內的船，光緒六年（一八八〇）李鴻章又奏請建大沽船塢，派海關稅務司德璀琳（Gustav Detring）和道員馬建忠開辦，但完成後以規模不大，所以大船和鐵甲船都要到日本長崎或英屬的香港去修理，極爲不便。且每逢軍警又要處處受制於人，於是旅順船塢的修築就成爲當時海防的要務了。光緒十四年（一八八八）動工興建，工程由德人漢納根主持，由法人德威尼（M. Thovent）承包，一直到光緒十六年（一八九〇）始告完成。前後三年，計費銀一百三十一萬五千四百二十兩，本船塢特色除完成大石船塢外，遂在其東、西、北三面加砌攔灘石壩，又築碼頭，裝設鐵梯船椿電灯，規模十分宏偉；船塢竣工之日，李鴻章曾云：「…嗣後北洋海軍戰艦遇有損壞，均可就近入船塢修理，無庸借助日本、香港諸石塢……從此量力籌畫，逐漸擴充，將見北洋海軍規模是以雄視一切，渤海門戶深固不搖，其裨益於海防大局，誠非淺鮮。」（註二）足見旅順船塢之重要。

二、就艦隊方面而言

艦隊是海軍的主力，也是當時軍備的重心，說是整個自強運動的重心也不爲過。因爲自強的重心在海軍，而海軍的主力在艦隊。甲午戰前，整個海軍的艦隊，大致可分爲三大支、即南洋、北洋、粵海三大系，各艦隊都擁有若干的兵船、軍輸船，船塢等。但是以實力來說，北洋艦隊由於李鴻章的極力經營，不論在那方面都遠超過南洋和粵海兩艦隊的總和。至於兵艦的來源則主要有二大地方，一是由本國自造的，一是向外國購買的。本國自造的造船廠、兵工廠、製造局等，已於前文介紹過，現在則將所有自造和向外國購買兵艦的名稱、成船年份、類別、承造機關等分別列表於後。

㈠本國自造部分：

艦艇名稱	艦艇類別	重量（受噸）	武力裝配	成船年份	承造機關	造價（兩）	備註
恬吉	兵船	六〇〇		同治七年	江南製造局	八一、三九七・三	後改名爲惠吉。
萬年青	兵船			同治八年	福州船政局		一八八七年在東沙洋面被商船撞沉。
操江	兵船	六四〇	大砲八尊	同治八年	江南製造局	八三、三〇五・九	一八九四年在牙山口外被日艦俘去。
測海	兵船	六〇〇	銅砲六尊 大鐵砲二尊	同治八年	江南製造局	八二、七三六・五	
威靖	兵船	一〇〇〇	銅砲十尊 鋼砲三尊	同治九年	江南製造局	一一八、〇三一・四	
湄雲	兵船	五七八	砲四門	同治九年	福州船政局		
福星	兵船			同治九年	福州船政局		一八八四年馬尾海戰沉燬。
伏波	兵船			同治十年	福州船政局		一八八四年馬尾海戰受創，至林浦自鑿沉。
安瀾	兵船			同治十一年	福州船政局		一八七四年在臺灣海面遇風沉沒。
鎮海	兵船	九五〇	砲五門	同治十一年	福州船政局		
揚武	兵船	一三五〇	砲十八尊	同治十一年	福州船政局		一八八四年馬尾海戰沉燬。
飛雲	兵船			同治十一年	福州船政局		一八八四年馬尾海戰沉燬。

靖遠	兵船	二三〇〇	砲二十三尊	同治十一年	福州船政局		
振威	兵船			同治十二年	福州船政局		一八八四年馬尾海戰沉燬。
永保	運船			同治十二年	福州船政局		一八八四年馬尾海戰沉燬。
海鏡	運船			同治十二年	福州船政局		
海安	兵船	二八〇〇	鋼砲廿六尊	同治十二年	江南製造局	三五五、一九八・一	
濟安	兵船			同治十三年	福州船政局		一八八四年馬尾海戰沉燬。
琛航	運船			同治十三年	福州船政局		一八八四年馬尾海戰沉燬。
大雅	運船			同治十三年	福州船政局		一八七四年在臺灣海面遇風沉沒。
元凱	兵船			光緒元年	福州船政局		
馭遠	兵船	二八〇〇	鋼砲十八尊	光緒元年	江南製造局	三一八、七一六・九	一八八五年在浙江石浦被法艦轟沉。
金甌	小鐵甲船	二〇〇		光緒二年	江南製造局	九二、五八六	
藝新	兵船			光緒二年	福州船政局		一八八四年馬尾海戰受傷，至林浦自鑿沉。
登瀛州	兵船			光緒二年	福州船政局		
泰安	兵船	一二五八	砲五尊	光緒三年	福州船政局		
威遠	兵船	一三〇〇	砲十一尊	光緒三年	福州船政局		一八九五年中日戰爭在威海衛被轟沉。
超武	兵船			光緒四年	福州船政局		
康濟	運船	一三〇〇	砲十一尊	光緒五年	福州船政局		

澄慶	兵船			光緒六年	福州船政局		一八八五年中法之戰在浙江石浦被法艦轟沉。
鈞和	兵船			光緒八年	江南製造局		
開濟	碰快船	一四〇〇		光緒九年	福州船政局		一九〇二年在南京下關因火藥爆炸沉毀。
橫海	兵船			光緒十年	福州船政局		一八八六年在澎湖遇霧觸礁沉沒。
龍清	快兵船			光緒十年	福州船政局		
保民	鋼板船	一九〇〇	鋼砲八尊	光緒十一年	江南製造局	二二三、〇〇〇	一九〇三年運軍火赴粵被英國印度商船皇后號撞沉。
寰泰	碰快船			光緒十三年	福州船政局		
廣甲	兵船			光緒十三年	福州船政局		一八九四年中日大東溝之役，逃回至大連灣三山島外擱礁，日艦追至，乃自行焚燬。
平遠	鋼甲船			光緒十五年	福州船政局		
廣庚	兵船			光緒十五年	福州船政局		
廣乙	獵艦			光緒十六年	福州船政局		一八九四年中日豐島之役被轟沉。
廣丙	獵艦			光緒十七年	福州船政局		
福靖	獵艦			光緒十九年	福州船政局		一八九八年在旅順口外遇風沉沒。
通濟	練船			光緒二十年	福州船政局		

以上是本國自造部分（註三）

(二)購向外國部分

艦艇名稱	艦艇類別	訂購國別	訂購單位	造成年份	備註
天平	巡邏船	英國	總署	同治二年	
安瀾	兵船	英國	兩廣總督	同治六年	
鎮濤	兵船	英國	兩廣總督	同治六年	
澄清	兵船	英國	兩廣總督	同治六年	
綏靖	兵船	英國	兩廣總督	同治六年	
飛龍	兵船	英國	兩廣總督	同治六年	
鎮海	兵船	英國	兩廣總督	同治六年	
澄波	兵船	法國	兩廣總督	同治七年	
建威	練船	普國	船政局	同治八年	練船係實習所用。
龍驤	砲艦	英國	北洋大臣	光緒元年	裝有卅六噸半砲，六十四馬力。
虎威	砲艦	英國	北洋大臣	光緒元年	同右。
飛霆	砲艦	英國	北洋大臣	光緒元年	裝有卅八噸砲，六十六匹馬力。
策電	砲艦	英國	北洋大臣	光緒元年	同右。
福勝	砲艦	美國	福建善後局	光緒二年	甲申中法馬尾海戰沉燬。

建勝	砲艦	美國	福建善後局	光緒二年	甲申中法馬尾海戰沉燬。
鎮東	砲艦	英國	南洋大臣	光緒五年	裝有卅八噸砲，總重爲四四〇噸，有砲五尊。
鎮南	砲艦	英國	南洋大臣	光緒五年	同右。
鎮西	砲艦	英國	南洋大臣	光緒五年	同右。
鎮北	砲艦	英國	南洋大臣	光緒五年	同右。
鎮中	砲艦	英國	北洋大臣	光緒五年	同右。
鎮邊	砲艦	英國	北洋大臣	光緒五年	同右。
超勇	巡洋艦	英國	北洋大臣	光緒七年	總重爲一三五〇噸，有砲十八尊，一八八五年甲午大東溝海戰，中彈焚燬。
揚威	巡洋艦	英國	北洋大臣	光緒七年	同右。
一號	單雷艇	德國	北洋大臣	光緒八年	
二號	單雷艇	德國	北洋大臣	光緒八年	
三號	單雷艇	德國	北洋大臣	光緒八年	
四號	單雷艇	德國	北洋大臣	光緒八年	
雷龍	魚雷艇	德國	兩廣總督	光緒八年	
雷虎	魚雷艇	德國	兩廣總督	光緒八年	
雷中	魚雷艇	德國	兩廣總督	光緒八年	

南琛	巡洋艦	德國	南洋大臣	光緒九年	此係鋼鐵快船。
南瑞	巡洋艦	德國	南洋大臣	光緒九年	同右。
雷乾	魚雷艦	德國	兩廣總督	光緒十年	
雷坤	魚雷艇	德國	兩廣總督	光緒十年	
雷離	魚雷艇	德國	兩廣總督	光緒十年	
雷坎	魚雷艇	德國	兩廣總督	光緒十年	
雷震	魚雷艇	德國	兩廣總督	光緒十年	
雷艮	魚雷艇	德國	兩廣總督	光緒十年	
雷巽	魚雷艇	德國	兩廣總督	光緒十年	
雷兌	魚雷艇	德國	兩廣總督	光緒十年	
鎮遠	鐵甲艦	德國	北洋大臣	光緒十一年	本船鐵甲厚達十四吋，總重七三三五噸，有砲22尊，造價一百六十三萬餘兩，甲午海戰被俘。
定遠	鐵甲艦	德國	北洋大臣	光緒十一年	同右。
濟遠	鐵甲艦	德國	北洋大臣	光緒十一年	本船速率每小時達十五浬，總重二千三百噸，有砲二十三尊，甲午戰爭中受重傷。
福龍	魚雷艇	德國	船政局	光緒十二年	一八九五年威海衛之役，沉燬或被俘。
經遠	巡洋艦	德國	北洋大臣	光緒十三年	總重二千九百噸，有砲十四尊，一八九五年甲午

					海戰沉燬。
來遠	巡洋艦	德國	北洋大臣	光緒十三年	總重二千九百噸，有砲十四尊，一八九五年威海衛之役被擊沉。
左一	出海魚雷大快艇	英國	北洋大臣	光緒十三年	總重一百零八噸，速率達每小時二十四浬，向英廠百濟公司訂購。
左二	魚雷艇	德國	北洋大臣	光緒十三年	總重一百零八噸，速率達每小時十九浬，向英廠百濟公司訂購。
左三	魚雷艇	德國	北洋大臣	光緒十三年	總重一百零八噸，速率達每小時十九浬，向英廠百濟公司訂購。
右一	魚雷艇	德國	北洋大臣	光緒十三年	總重一百零八噸，速率達每小時十八浬，向英廠百濟公司訂購。
右二	魚雷艇	德國	北洋大臣	光緒十三年	總重一百零八噸，速率達每小時十八浬，向英廠百濟公司訂購。
右三	魚雷艇	德國	北洋大臣	光緒十三年	總重一百零八噸，速率達每小時十八浬，向英廠百濟公司訂購。
致遠	巡洋艦	英國	北洋大臣	光緒十四年	總重二千三百噸，有砲二十三尊，甲午海戰沉燬。
靖遠	巡洋艦	英國	北洋大臣	光緒十四年	總重二千三百噸，有砲二十三尊，一八九五年威

福安砲艦	英國船政局	光緒二十年	海衛之役被擊沉。

以上是購自外國部份。（註四）

至於三大支艦隊，其實力基礎大致奠定在光緒十年（一八八四）左右，當時的各支艦隊，實力如下：

1.北洋：轄有超勇、揚威、威遠、康濟、湄雲、泰安、鎮海、海鏡、鎮東、鎮西、鎮北、鎮中、鎮邊等艦。

2.南洋：轄有南琛、南瑞、澄慶、馭遠、橫海、鏡清、威靖、測海、開濟、登瀛州、超武、靖遠、龍驤、虎威、飛霆、策雷、金甌等艦。

3.福建：轄有揚武、萬年青、元凱、琛航、永保、振威、伏波、飛雲、濟安、福勝等艦。（註五）。

而一般人所常稱的「北洋海軍」艦隊，其情形是這樣的：光緒十三年（一八八七），李鴻章請設外海五軍，後以經費短缺而未成立，直到十四年（一八八八年）由海軍衙門，奏定官制，設提督一人，總兵二人，副將五人、游擊九人，都司二十七人、守備六十人、千總六十九人、把總九十九人，經制外委四十三人，於是以一船當一營，派丁汝昌為提督，林泰曾、劉步蟾為左右總兵，編致遠、靖遠、經遠三快船為右翼三營；鎮遠一鐵甲，來遠、超勇兩快船為左翼三營；定遠一鐵甲，濟遠、揚威兩快船爲右翼三營，凡此九艘，悉爲戰艦；其外鎭中、鎭邊、鎭東、鎭南、鎭西、鎭北等六蚊子船，則以守口爲後軍。合以魚雷艇六艘，威遠、康濟、敏捷等練習船三艘、運船一艘，並隸北洋大臣，是爲北洋海軍艦隊之全貌（註六）。以上本節所探討的是甲午戰前有關於海軍的大略情形。

【附註】

註一　見李鴻章撰，「李文忠公全集」（台北縣，文海出版社，民國五十七年五月，初版），第二冊，奏稿，卷四十六，頁一〇，旅順籌防費難預估片。

註二　同註一，卷六九，頁三四，驗收旅順各要工摺。

註三　本表參考王文杰撰：「十九世紀中國之自強運動」，福建文化三卷二期（民國三十六年十二月），頁九－十二。王爾敏撰：「清季兵工業的興起」（台北市，中央研究院近代史研究所，民國六十七年六月，再版，中研院近史所專刊之九），頁八二，表一。包遵彭撰，「中國海軍史」（台北市，中華叢書編審委員會，民國五十九年五月，初版），頁五八九－－五九二。

註四　本表參考包遵彭撰：「中國海軍史」，下冊，頁五九八－－六〇一。王文杰撰：「十九世紀中國之自強運動」，頁二六－二八。梁啓超撰：「論李鴻章」（台北市，台灣中華書局，民國五十九年，再版），頁三五－三七。

註五　見池仲祐編：「海軍大事記」（北京，海軍部編史處，民國七年，初版），光緒十年條。

註六　見包遵彭撰：「中國海軍史」，下冊，頁八五五。

第五章　陸軍之軍備

第一節　陸軍現代化之過程

由於外力的衝擊，使得中國原有軍備顯得落伍與陳舊，再加上影響當時帝國存亡的最大事件─太平天國的壓迫，當時不論在中央或在地方的當權者都不得不積極的尋求應變的方法。對於最龐大且最基本的武力─陸軍也就不得不有新的改變，因而製器和練兵就自然成爲推動陸軍銳變的原動力，尤其練兵這個觀念，影響了後來新式陸軍的成立和軍隊的現代化。這個觀念首先出現在文祥和恭親王奕訢的奏摺中，他們於咸豐十年（一八六〇年）第二次英法聯軍過後聯合上奏說：「竊臣等酌議大局章程六條，其要在於審敵防邊，以弭後患，然治其標而未探其源也。探源之策，在於自強，自強之術，必先練兵。現無議雖成，而國威未振。亟宜力圖振興，使該夷順則可以相安，逆則可以有備，以期經久無患；況髮捻等，尤宜迅圖剿辦，內患除則外侮自泯。」（註一）接著他們又提出選擇的對象和方法說：「查八旗禁軍，素稱驍勇，近來攻剿，未能得力，非兵力之不可用，實膽識之未優。若能添習火器，操演技藝，則器利兵精，臨陣自不虞潰散。現俄國欲送鳥槍一萬桿，砲五十尊。咈（法）國洋槍炸礮等件，均肯售賣，並肯派人敎導鑄造各種火器。……如火器營等處，或有槍砲，或有款可籌，多爲添置，先爲酌辦，分給八旗兵丁即行演習，京營檯槍，極爲得力。前於八里橋接仗時，圓明園官兵檯槍頗能致遠，夷兵受傷甚多……，現擬有技藝各營，並習槍砲，其僅習弓馬者，加習槍砲，並習技藝。併加選各旗營閒散餘丁，另立營伍，專習技藝檯槍，認眞操演，如果學習純熟，遇有各營缺分，即行挑補，以資鼓勵。」（註二）同時並擬命僧格林沁保舉知兵弁將一人來京督導訓練，藉期加強皇室親軍，使其拱衞京師畿輔，以爲固本之計。

但由於所受阻礙過多，僅設立一個神機營而已。後來由於咸豐十年（一八六〇年）的江南大營兵潰，清代的基本地方武力綠營遭到了嚴重的打擊，瀕臨解體，代之而起的在北方有「練軍」的建立，在南方則有由勇營團練組成的湘軍和淮軍的大力發展。而後者則由於實際上參與太平天國之亂的征勦，加以本身制度不斷的改進，又得自西洋武器的引入，遂變成後來國家的主要武力，演成全國性的軍旅，完全取代以往所有軍種的地位和任務。下文將論述練軍的起源。

「練軍」乃是一名詞，並沒有訓練或練兵的意思。它起先的意思是練兵，後來沿習成名詞，且限用於清代。練軍創始於同治初年，當時八旗衰弊，江南大營（綠營）也潰不成軍。而由中央當權者倡議以原有的八旗禁軍和京營的中央軍武力，敎以洋式武器，以謀求京師的安固。又同治元年（一八六二），英法聯軍準備退出天津，洋商因防務空虛，要求招募廣勇，以保護津行。當時三口通商大臣崇厚不願由洋商招勇，乃向總理衙門面遞說帖，建議挑選京兵赴津，與洋將會同訓練，繼經總署大臣考慮，決定由天津地方挑選各兵勇數百名，幷選派京兵二百名，交由天津外國武官敎練。用此以接替由俄國敎演槍砲之事，而使京營與地方兵勇同時在天津接受西式操練。至原來強化禁軍的固本政策，已擴大至直省綠營，畿輔屛藩，其訓練手段，仍取西化之路。以上這是練軍制度初期的經營方式和轉變。後來各通商口洋人練兵，既有許多牽扯，不易應付，且又不合本來強幹弱枝的固本政策，乃有此轉變，制度也逐漸形成。首先，薛煥提出具體的辦法，主張在直隸設四鎭，每鎭練兵一萬，再於京師神機營增編兩萬，分派此四處敎練，而實際執行此政策的是直隸總督劉長佑。劉氏提出練七軍的辦法，其總原則爲：「廣募不如簡練」。已破壞了薛煥增設四鎭的原意，其宗旨在於遷就綠營之餉，終於變爲簡練綠營。又不得脫離綠營的弊習。劉氏練七軍既無成效，朝論多不滿意，乃於同治六年（一八六七）去職，拖至同治八年（一八六九）又改調曾國藩經營。曾國藩以經營湘軍、淮軍的經驗，徹底的改變原有的體制和訓練，增強內部組織之活力，因而帶有很濃厚的湘、淮軍色彩。其演變過程是這樣的，即由咸豐十年十二月所擬的固本政策，以強化京師禁軍爲目的，轉而爲沿海洋人練兵，由沿海洋人練兵，轉爲湘淮領袖練兵。

湘軍的崛起主要是因會黨（太平天國）之亂。從嘉慶、道光年間的天理敎、白蓮敎之亂開始，清代的綠營、八旗的威力已不若開國之初。朝廷的平亂，往往得借用民間的鄉勇、團練等地方鄉團的武力，而湘軍就是由這些武力結合起來的。勇就是勇營，是清代中後期的產物，它的淵源有二：一是團練，一是綠營，它和兩者有密切的關係，但並非二者之合併，也非二者之直接轉化。在本質上，它是由中國固有的保甲制度流傳而來的，團練性質爲鄉土武力。無論如何發展變化，始終不出此等範圍。清人葛士濬在其「民團論」中曾說：

團練鄉勇四字，每字各有實義，辨此者能名副其實乃有利無害。「團」則聲勢氣誼皆宜團結。「練」則進退擊刺皆宜講求。「鄉」則取土著之人而客籍流氓不得與。「勇」則取健壯之士而老弱疾病不得充。則練而不團，臨事將各顧而不足恃。團而不練，臨事將亂次而不足恃。鄉而無勇，必至遁逃恐後而不足恃。勇而非鄉，必至遊勇客匪雜處而害更無窮。」（註三）

可見團練是一種鄉土武力的軍事組織，而其結構系統自有一個大致形式，團練的組織，是以鄉爲單位，鄉中有聲望者爲首領，其成員有二、三位或更多，即所謂團總。其下轄若干團，其首領爲團長或團正，或團副。團下又分爲若干哨，哨以下分爲若干牌，而其最基層的成員即所謂團勇或團丁或練勇。至於其意義應包括：

(一)爲地方基層之武力單位，其功能主要在維護當地治安。
(二)其組織多數均受到地方官監督指揮。
(三)其成員自領袖以至團勇，均屬土著，其成立宗旨亦在於用自身力量保護自己。
(四)團總、團正、團長等領袖分子全由紳士充任。並由官方頒給任命札文。
(五)因其領袖之能力、野心、與控制之實效，而有不同變化。

而勇營和團練大致說來是兩種不同組織，但兩者頗有相似之處。二者差別的根源，實在於其組成分子勇的本身而已，就性質來源而言，勇分爲鄉勇和募勇兩種，或分爲團勇和練勇兩種，其區別的原則，依清代最側重於團練的勇營領袖王鑫的劃分，謂：

團練之法，是團練二字本不容分。今欲其名色不混，始析爲二。其有招募四方精銳，日事訓練，有警調發守卡打仗者，名爲練勇。其各鄉團家出壯丁，守望相助，暇時操練，有警守卡打仗助陣者，名爲團勇。練勇視其時地爲多寡，或二百、或三四百，於城內設一總局，公擇紳士中之有定識定力非公不至者，主其訓練之事。（註四）

勇營和團練之不同，既在組成分子性質的差異。勇營體制的創始，當以咸豐元年（一八五一）江忠源所招募的楚勇五百人爲最早。而湘軍的崛起，乃因太平天國的動亂，至其發展的主要關鍵乃在第二次江南大營的潰敗（咸豐十年）。因爲江南大營的再次潰敗，使清廷對以往所依恃的正規軍，完全失去了信賴，再次的飭令各省興辦團練。再者，咸豐十年（一八六〇）以前的鄉勇團練，都是地方各自爲政，各軍無論大小，大都自成局面，不相統屬。戰防進止，直接秉承朝廷，戰況軍情，亦由各將領單獨奏聞。但是江南大營二次兵潰以後，長江下游糜爛，上海淪爲孤島，此時清廷方授曾國藩爲欽差大臣，節制大江南北水陸各軍。此一措施，不僅進入統一指揮的局面，也開闢了中央依賴地方的先機。督撫的權力也隨著增長。這使原爲地方性勇營演變成的湘軍，完全代替國軍的地位。一方面擴張了防地的範圍，也進一步的掌握了餉源，更由湘軍接替了各軍的防務。成爲近代中國陸軍史上第一支最有組織，有精神、有理想的全國性軍隊。

其次，論述淮軍的崛起。淮軍本來附屬於湘軍，所以基本上也是曾國藩所創。其所以稱淮軍，乃因最初的兵源來自皖北淮河流域一帶，因之得名。當曾國藩總理江南節度大權，討剿太平天國之亂時，李鴻章——這位被公認為一手創辦淮軍的強人——於咸豐八年（一八五八）十二月加入曾國藩的軍營，成為湘軍的幕府之一。在此之前，李鴻章已經有五年經營團練事務的經歷和作戰經驗。他曾於咸豐三年（一八五三）間，在穎州、鳳陽、定遠一帶，堵防皖北捻匪，並曾防守裕溪口，當時他已有團勇千名。後來，他投入曾國藩的手下時，就決定增練皖北馬隊，附於湘軍之中，想以兩淮的特長來彌補湘軍的缺點，後來因遭到地方的阻撓，兩淮馬隊的拒練祇好停止。咸豐十年（一八六〇），淮陽水師成立，需要以陸勇來輔佐，乃由胡林翼推薦，轉而辦理淮陽的陸師。但此時還僅是輔翼的性質，後來，成軍之後，立即主客易位。爾後的發展，更為中國的新式陸軍催生，影響現代中國歷史非常深遠。

淮勇的最初成軍來源，早在胡林翼建議之前，已有張遇春一營。張原是李鴻章在皖北辦理團練的嫡系部將，李鴻章結束團練後，張即轉戰皖北各地。後改歸湘軍，應是李所引介。當時即號為春字營，亦稱淮勇。為淮軍中成軍最早者。春字營之外，另有李濟元一營，亦成軍甚早。李濟元原為太平軍，後歸降改編，當時稱為濟字營。後來隨著安慶的克復，兼為救援長江下游作準備，又陸續的招募劉銘傳、張樹聲、潘鼎新、吳長慶等營。同治元年（一八六二）正月正式成軍時，曾國藩又另外撥湘軍的兩三營支應。總之，淮軍最初營號共有親兵營、濟字營、開字營、熊字營、樹字營、銘字營、春字營、鼎字營、慶字營、林字營、垣字營等，合計有六千五百人，這是淮軍建立的始基。至於其後因種種因素的影響，而演變成後來新式陸軍的催生者，將於下一節論編制和訓練再加說明。

另外，值得一提的是，當時為防衛上海安全，由商紳出餉成立的洋槍隊，在淮軍尚未援助上海之前，本是上海的防備武力之一。當時上海雖有英法軍的全力協助，但僅限於保護各國利益而已。他們都是洋人，所以在中國現代陸軍萌芽的過程中，只有間接的影響，沒有直接的關聯。而洋槍隊却是由洋人和華人組成的混合軍，軍官是洋人，士兵是華人。這是中國政府下的洋兵。它的成立過程是這樣的：咸豐十年（一八六〇）四月蘇州失守，上海四明公所董事候補道楊坊（外人稱為大記 Taki 實為楊泰記，係楊氏商號）因美人可富（Capatia Gough ）的推薦，僱了美人華爾（Fredick Townsend Ward）及白齊文（Henry Andrea Burgevine）、法爾思德（Edward Forrest）等，募集呂宋人百名，成立洋槍隊，配合官軍轉戰於上海附近，嗣後更增募華人，最多時兵額至五千多人，其軍需餉項，最先由地方官紳供給，後改由江海關奏留軍餉下支付。因其作戰奮勇，巡撫薛煥定名為常勝軍（The Ever Victorions Army）（註五）後來，因其功效顯著，乃有各地的效仿編練。茲將當時各洋槍隊的名稱、所在地、編練年代、軍官國籍、訓練人數等列表於後。（註六）

軍隊名稱	所在地	編練年代	外籍軍官國籍	訓練人數
洋槍隊	上海	一八六一	美人	五百
常安軍	寧波	一八六一	英人	

常捷軍	寧波	一八六一	法人	
洋槍隊	天津	一八六一	英人	一千
洋槍隊	上海	一八六二	英人	一千
洋槍隊	杭州	一八六二	英人	四千
洋槍隊	杭州		法人	
洋槍隊	廣州		法人	
洋槍隊	福州		英人	
洋槍隊	福州	一八六四	法人	
洋槍隊	武昌		法人	一千

這些洋槍隊後來雖被逐一解散，但對當時的湘軍、淮軍，尤其是淮軍，產生很大的影響。以上說明了中國近代陸軍的萌芽及其演變，下一節將詳加介紹。

【附註】

註一　見文慶纂修：「籌辦夷務始末」（台北市，國風出版社，民國五十二年四月，初版），咸豐朝，卷七二，頁一一。

註二　同前書，頁一一—一二。

註　三　見葛士濬撰：「皇朝經世文續編」（台北市，國風出版社，民國五十三年六月，影印光緒戊戌中夏上海書局石印本），卷六八，頁一六一—一七。

註　四　見王鑫撰：「王壯武公遺集」（台北市，文海出版社，沈雲龍主編：近代中國史料叢刊，第二四一冊），卷一，頁五。

註　五　見王爾敏撰：「淮軍志」（台北市，中國學術著作獎助委員會，民國五十六年十一月，初版），頁五三—五四。

註　六　見張玉法撰：「中國近代現代史」（台北市，東華書局，民國六十七年十月，初版），頁一三三。

第二節　編制和訓練

本節針對前節所敍及的練軍、湘軍、淮軍等三支軍隊之編制和訓練特色加以介紹：

一、練軍

劉長佑被任爲專門負責訓練練軍後，即擬出一個總則，「廣募不如簡練」。他的辦法是從直隸綠營中挑出精壯步兵一萬二千五百名，馬兵二千五百名。以五百人爲一營，五營爲一軍，每軍配馬隊五百。合爲前後左右中五軍。再增練精勇五千（包括一千馬隊，四千步隊）分爲二軍，合前五軍共七軍。但他的這種構想，只不過是形式而已，所以敷衍練兵，三年無成。引起朝廷的嚴責。後來積極改進，擬定了畿輔的練兵營規，分列爲十五章目，長達一百五十多條。所有的營制、器械、糧餉、操練、行軍、禁約等，都有詳細規定。與初期甚多不同，其特色有五：

㈠駐防區著重於邊防。

㈡就綠營兵挑選之後，集中駐所操練，成爲獨立單位。

㈢嚴飭各省，照額解餉。

㈣仿照湘、淮軍，確立營制組織。

練軍既爲獨立單位，除兵員出自綠營外，最重要的特色就是營伍單位的設計，其營制大略如下：每軍二千五百人，分前後左右中五營，設總統官一人，文翼長一人，武翼長一人。每營五百人，分前後左右中五哨，設管帶官一人，幫帶官一人。每哨一百人，分爲四隊，設哨官一人，每隊二十五人，下分爲五伍，設伍隊長一人，每伍五人，中擇老成明白之人爲伍長，其營伍配置如左：（註一一）

- 前哨
  - 一隊：抬槍十二桿、兵二十四名、隊旗兵一名。
  - 二隊：馬槍二十四桿，兵二十四名，隊旗兵一名。
  - 三隊：長矛兵十名，把刀兵十名，藤牌兵四名，隊旗兵一名。
  - 四隊：馬二十五匹，馬上小槍兵八名、弓箭兵八名，長矛兵八名，隊旗兵一名。
- 左哨
  - 一隊：抬槍十二桿，兵二十四名、隊旗兵一名。
  - 二隊：馬槍二十四桿，兵二十四名，隊旗兵一名。
  - 三隊：長矛兵十名，把刀兵十名，藤牌兵四名，隊旗兵一名。

- 四隊：馬二十五匹、馬上小槍兵八名、弓箭兵八名、長矛兵八名、隊旗兵一名。

營官

- 中哨
  - 一隊：洋劈山砲車四輛、每輛砲二尊、砲兵六名，共四輛，砲八尊，砲兵二十四名，隊旗兵一名。
  - 二隊：洋劈山砲車四輛、每輛砲二尊、砲兵六名，共四輛，砲八尊，砲兵二十四名，隊旗兵一名。
  - 三隊：洋開花砲車二輛、每輛砲二尊、砲兵六名，共砲四尊，砲兵十二名。又馬槍兵八名、長矛兵四名、隊旗兵一名。
  - 四隊：馬槍兵八名、長矛兵四名、金鼓旗兵四名、執旗游兵四名、頭旗兵四名，隊旗兵一名。
- 右哨
  - 一隊：抬槍十二桿，兵二十四名、隊旗兵一名。
  - 二隊：馬槍二十四桿，兵二十四名、隊旗兵一名。
  - 三隊：長矛兵十名，把刀兵十名，藤牌兵四名，隊旗兵一名。
  - 四隊：馬二十五匹，馬上小槍兵八名，弓箭兵八名，長矛兵八名，隊旗兵一名。
- 後哨
  - 一隊：抬槍十二桿，兵二十四名，隊旗兵一名。
  - 二隊：馬槍二十四桿，兵二十四名，隊旗兵一名。
  - 三隊：長矛兵十名，把刀兵十名，藤牌兵四名，隊旗兵一名。

「四隊：馬二十五四，馬上小槍兵八名，弓箭兵八名，長矛兵八名，隊旗兵一名。

劉長佑雖積極的提出練軍的計劃，但終因武器的雜亂，而不如淮軍的有效。後來始由曾國藩接辦。曾氏接辦練軍以後，針對劉長佑所經營的練軍提出了三點重大的改革。

(1)著重質簡：他認爲劉之營規多達一百五十餘條，太過於繁瑣，以致「雖士大夫不能騾通而全記，文法太繁，官氣太重。」所以主張仿照勇營的營規，予以簡化。

(2)著重事權專一：曾氏以爲練軍上下事權爲總督所總攬，且又有總署、戶部、兵部等的層層節制，以致「雖良將亦瞻前顧後，莫敢放膽任事。」因此主張參照勇營的辦法：「一營之權，全付營官，統領不爲遙制；一軍之權，全付統領，大帥不爲遙制。」

(3)愼重挑選：曾氏以爲練軍係自綠營中挑選，人員的出處已先有限定，以致「練軍之兵，離其本營本汎，調入新哨新隊，其挑取多由本營主政，新練之營官，不能操去取之權，而又別無優待親兵奬拔健卒之柄。」因此就難產生上下情意融洽之效，所以曾氏主張仿照勇營的特色—枝葉一體，嚴格招募。（註二）

此外，曾國藩又有兩點補充，使練軍更具勇營的色彩：

(1)各營加入少數的長夫。

(2)建議調南省之將練北省之兵（註三）。

可見，曾國藩幾乎把練軍完全湘軍化、淮軍化，不但不同於前面劉長佑的練軍，也和湘軍淮軍的體制稍有不同。這套制度，即是後來練軍相沿不變的形式。玆將曾氏的營制列表於後（註四）。

前哨

哨官一員
哨長一員
護兵十名

- 一隊：火器、什長一名、正勇十名、伙夫一名（現用抬槍或馬槍，將來改用洋槍）。
- 二隊：刀矛、什長一名、正勇十名，伙夫一名。
- 三隊：火器、什長一名，正勇十名，伙夫一名（現用抬槍或馬槍，將來改用洋槍。）
- 四隊：刀矛、什長一名、正勇十名，伙夫一名。
- 五隊：火器、什長一名，正勇十名，伙夫一名。（現用抬槍或馬槍，將來改用洋槍）
- 六隊：刀矛、什長一名，正勇十名，伙伕一名。
- 七隊：火器、什長一名、正勇十名、伙夫一名（現用抬槍或馬槍，將來改用洋槍）。
- 八隊：刀矛、什長一名、正勇十名，伙夫一名。

- 一隊：火器、什長一名，正勇十名，伙夫一名（現用抬槍或馬槍，將來改用洋槍）
- 二隊：刀矛、什長一名，正勇十名，伙夫一名。

- 左哨
  - 哨官一員
  - 哨長一員
  - 護兵十名
    - 三隊：火器、什長一名，正勇十名，伙夫一名（現用抬槍或馬槍，將來改用洋槍）
    - 四隊：刀矛、什長一名、正勇十名、伙夫一名。
    - 五隊：火器、什長一名、正勇十名、伙夫一名（現用抬槍或馬槍，將來改用洋槍）
    - 六隊：刀矛、什長一名、正勇十名、伙夫一名。
    - 七隊：火器、什長一名、正勇十名，伙夫一名（現用抬槍或馬槍，將來改用洋槍）
    - 八隊：刀矛、什長一名、正勇十名，伙夫一名。
- 親兵
  - 哨長一員
    - 一隊：洋劈山砲四尊、什長一名、親兵十二名、伙夫一名。
    - 二隊：刀矛、什長一名、親兵十名、伙夫一名。
    - 三隊：洋開花砲四尊、什長一名、親兵十二名、伙夫一名。
    - 四隊：刀矛、什長一名、親兵十名、伙夫一名。
    - 五隊：火器、什長一名、正勇十名、伙夫一名（現用抬槍或馬槍，將來改用洋槍。）
    - 六隊：刀矛、什長一名、正勇十名、伙夫一名。

七隊：火器、什長一名、正勇十名、伙夫一名（現用抬槍或馬槍，將來改用洋槍）。

八隊：刀矛、什長一名、正勇十名、伙夫一名。

營官

右　哨

哨官一員

哨長一員

護兵一名

一隊：火器、什長一名，正勇十名，伙夫一名（現用抬槍或馬槍，將來改用洋槍）

二隊：刀矛、什長一名，正勇十名，伙夫一名。

三隊：火器、什長一名，正勇十名，伙夫一名（現用抬槍或馬槍，將來改用洋槍）

四隊：刀矛、什長一名，正勇十名，伙夫一名。

五隊：火器、什長一名，正勇十名、伙夫一名（現用抬槍或馬槍，將來改用洋槍）

六隊：刀矛、什長一名，正勇十名，伙夫一名。

七隊：火器、什長一名、正勇十名，伙夫一名（現用抬槍或馬槍，將來改用洋槍）

八隊：刀矛、什長一名，正勇十名，伙夫一名

一隊：火器、什長一名，正勇十名，伙夫一名（現用抬槍或馬槍，將來改用洋槍）

二隊：刀矛、什長一名，正勇十名，伙夫一名。

三隊：火器、什長一名，正勇十名，伙夫一名（現用枱槍或馬槍，將來改用洋槍）

四隊：刀矛、什長一名，正勇十名，伙夫一名。

五隊：火器、什長一名，正勇十名，伙夫一名（現用枱槍或馬槍，將來改用洋槍）

後哨　哨官一人　哨長一人　護兵一人

六隊：刀矛、什長一名，正勇十名，伙夫一名。

七隊：火器、什長一名，正勇十名，伙夫一名（現用枱槍或馬槍，將來改用洋槍）

八隊：刀矛、什長一名，正勇十名，伙夫一名。

以上是練軍的組織、營制的大概情形。至於其訓練和精神，因它的兵源主要來自綠營，所以綠營固有的積弊，到了練軍還是不能避免。綠營的缺點，大致有七：

就制度本身而言：

(1)餉糧微薄不夠養家糊口，兵丁都另謀兼業，大多營商販以活口，自然不能專心於兵事。

(2)分汎太多，兵員分防汎地，以致兵力單弱而不能集中，在營時間減少，缺乏訓練和監督，形同遊散之民。

(3)每有出役應敵，例由各省各標雜亂抽調，湊成一軍，以致將與兵不相屬，兵與兵不相習，意志不齊，難收指揮之效。

就平時積習而言：

(1)虛伍缺額，將弁於兵士出缺時，不加補募，乾沒其餉，或以雜役掛名支薪，形成風氣，以致軍伍不實。

(2)游滑偷惰，綠營兵丁分於營汎，多應差使，養成衙門習氣，平時鑽營取巧，遇戰則趦趄退避，實難使之效命疆場。

(3)頂替征操，因其多兼營小販，又以滑巧爲習，於是凡遇征調，就轉僱流氓，乞丐，頂替應召，以求偷免。

(4)虛應操練，綠營兵丁往往久未操練，縱使集中、演習陣式，多用相沿已久的花式空架，徒飾外觀，不能臨陣實用，等於不練，自無戰力可言。（註五）。

二、湘　軍

湘軍成立的目的主要是爲革除綠營的積習，以建立一支有組織、有精神、能平大亂的軍隊，故其建軍的基本原則主要有兩大特色：

㈠練鄉勇以代兵：以改換兵員的本質。

㈡採用束伍之法，以加強營伍的組織。

至於束伍係曾國藩採自戚繼光的練兵成法，如戚氏所說：「夫營陣之法，全在編派伍、什、隊、哨之際，計算之定，若無預於營陣然。伍、什、隊、哨之法，則或爲八陣，或九軍、七軍、十二辰。古人各色陣法，皆在於編伍時已定，一加旌旗立表，則雖畎畝之夫，十萬之衆，一鼓而就列者，人見其敎成之易，而知其功出於編伍者鮮矣。」（註六）故束伍之精義在於編伍，也就是在營陣之先，立有一定編制，以爲建軍的根本。

其招募兵員的特色有兩點：

(1)所招的士兵必須是湖南鄉土的農夫，所以注重鄉土，乃因人人有生居可稽，兵員不會太過雜亂；注重農夫，因爲農夫比較樸實且較忠勇可靠。

(2)勇營必須由統將親自招集成軍，如此可兵將相習，意志同一，而收指揮之效。

至於他的營制依湘軍志記載如下：

「凡立營十人爲隊，八隊爲哨，隊哨有長，隊有斯養，隊十二人其正制也，八隊之械，一五抬槍，二四六八刀矛，三七小槍，抬槍遲重則增二人，故百六人而成八隊，統以哨長，哨百七人置哨官領之，四哨爲營，親兵六隊，隊長斯養如哨之制，隊十二人，六隊之械，一三主砲，二、四、六皆刀矛，五爲小槍，凡七十二人，不置哨長，合四哨四百二十八人，皆統於營官，故曰營，五百人而哨營官不數。……」（註七）

與營伍有聯帶關係的人員配置，則爲長夫之制。長夫的設置以至確定名額，立爲制度，則是湘軍的最大特色，也可以說是曾國藩最卓越的創制。長夫的性質極類似現代的工兵，只是尚未到達完美境地，就中國兵制而論，是一項極大的進步。湘淮軍之有長夫，當爲中國專設工兵之濫觴。

又有馬隊的設立，其營制如下：

馬勇四名爲棚，每棚馬夫二名，棚夫一名，伙夫一名，六棚爲哨，十哨爲營，每哨哨官一員，馬勇二十四名，每名各給馬一匹。每營先鋒官五員，各給馬一匹，獨成一棚，並予馬伕二名，伙夫一名，棚夫一名。每營另備守營步兵十名，什長一名，伙夫一名。營官給馬四匹，馬夫二名，伙夫一名，長夫八名。幫辦一名，給馬一匹，長夫一名。哨官每名給馬夫一名，棚夫一名。營官親兵馬勇八名，分爲兩棚，每棚馬夫二名，伙夫一名，棚夫一名。每營公用長夫共四十名。是爲馬隊一營之制，合計全營約六百人。（註八）

以上是湘軍營制的大略。至於其演變，由於淮軍在當時已取得主要的地位，所以湘軍的演變，常是受淮軍影響的，如洋槍隊，砲隊的建置等，但彼此之間還是有差別的。總括來說，湘軍自始至終是純中國化的，而淮軍則有西化的傾向。這主要是受曾國藩：「制勝之道，實在人而不在器。」的觀念所影響。至於訓練期限，新成立之軍營大致爲一個多月，有一定的規程，逐步實施，方法是：

(1) 練縱步上一丈高之屋，跳步越一丈寬之溝，以便踹破賊營。

(2) 練手抛火毬，能至二十丈以外。

(3) 練脚繫沙袋，每日能行百里。

(4)練每十人一隊，皆習戚氏之鴛鴦陣、三才陣，以求行伍不亂。

(5)練馬槍抬槍，必須打靶較準。（註九）

另外，還需學站牆子之法。所謂「站牆子」是一種很笨拙的臨陣備戰之法。湘軍定制，每營築一壘，亦即所謂壁，或土城，湘淮軍則稱爲「牆子」，站牆子者，兵勇持械立於牆子，以備來敵也。曾國藩定站牆子之法，列爲湘軍日夜常課，計早晚二次。一、五更三點皆起，派三成隊站牆子一次。放醒砲，開鑼聲則散。二、鐙時派三成隊站牆子一次，放定更炮，聞鑼聲則散。至於夜間則派一成隊站牆唱更。這種方法使湘軍作戰能持久，而立於不敗之地，是其能克敵致勝的最重要原因。

三、淮　軍

淮軍是由湘軍分枝而來的，雖然它是由李鴻章發展光大的，但是它的初期，則是由曾國藩一手創立的。因此它的很多編制、訓練，甚至精神，都是仿效湘軍的。就其初期招募兵士而言，它仍仿自湘軍中濃厚的鄉土本色。就初期的營伍編制而言，也全仿自湘軍。其組織大致如下：

以營爲單位，設營官一人，每營分前後左右四哨，每哨設哨官一員，管理全哨。設哨長一員，以副哨官。每哨正勇，分爲八隊，其配置：第一、五兩隊爲抬槍隊，第二、四、六、八各隊爲刀矛隊，第三、七兩隊爲小槍隊，刀矛、小槍每隊正勇十名，抬槍每隊正勇十二名。就此八隊言，每隊又置什長一名，伙勇一名。就四哨言，每哨官有護勇五名，伙勇一名。合計連哨官、哨長、什長、護勇、正勇、伙勇，每哨共一百零八人。合四哨共四百三十二人。此外營官又有親兵六隊，不置哨官、哨長。其配置：第一、三兩隊爲劈山礮隊，第二、四、六各隊爲刀矛隊，第五隊爲小槍隊。各隊均置什長一名，親兵十名，伙勇一名，計六隊共七十二名。連親兵與四哨合計，每營官統帶五百零四名。（註一〇）

以上爲一營之編制。下文將其最重要的編制單位—營，列表於後，以便和後來的演變相比較：

- 前哨
  - 哨官一員
  - 哨長一員
  - 一隊：抬槍
  - 二隊：刀矛
  - 三隊：小槍
  - 四隊：刀矛
  - 五隊：抬槍
  - 六隊：刀矛
  - 七隊：小槍
  - 八隊：刀矛
- 左哨
  - 一隊：抬槍
  - 二隊：刀矛
  - 三隊：小槍
  - 四隊：刀矛

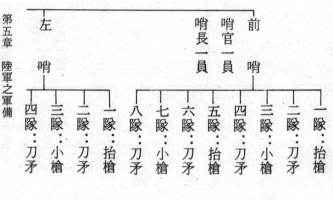

- 營營官一人
  - 哨官一員
  - 哨長一員
    - 五隊：抬槍
    - 六隊：刀矛
    - 七隊：小槍
    - 八隊：刀矛
  - 營官親兵
    - 一隊：劈山砲
    - 二隊：刀矛
    - 三隊：劈山砲
    - 四隊：刀矛
    - 五隊：小槍
    - 六隊：刀矛
  - 右哨
  - 哨官一員
  - 哨長一員
    - 一隊：抬槍
    - 二隊：刀矛
    - 三隊：小槍
    - 四隊：刀矛
    - 五隊：抬槍
    - 六隊：刀矛

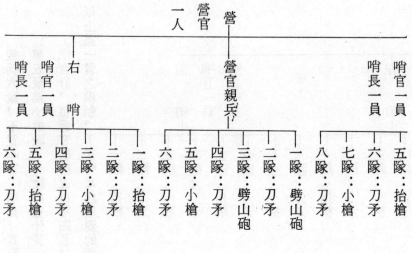

七隊：小槍
八隊：刀矛

後哨
哨官一員
哨長一員
一隊：抬槍
二隊：刀矛
三隊：小槍
四隊：刀矛
五隊：抬槍
六隊：刀矛
七隊：小槍
八隊：刀矛

至於其他如長夫之制的設置，濠壘的實施、䘏賞，行軍等，無一不仿自湘軍，甚至連服制也是由曾國藩所定，「帕首，勇字短上衣，長褲紮綁腿，足著草鞋。」

淮軍到了上海以後，因爲戰事日繁，需兵日衆。爲了適應戰事的需要，招募兵源的規定已不如開始的那樣嚴格，營官中，竟有地痞流氓出身的；如疏長庚便是。並且又大擧招募散卒游勇，到了後來，只具備鄉土色彩的特性而已。另外，由於在上海和洋兵洋將並肩作戰，感受到洋人武器的精良和火力的強大，乃組成洋槍隊。洋槍隊的產生，同時也影響了整個營伍的編制，其營制改變如下（註一一）

- 前哨八隊
  - 洋槍隊
  - 洋槍隊
  - 洋槍隊
  - 劈山砲隊
  - 洋槍隊
  - 洋槍隊
  - 洋槍隊
  - 劈山砲隊
- 左哨八隊
  - 洋槍隊
  - 洋槍隊
  - 洋槍隊
  - 劈山砲隊
  - 洋槍隊
  - 洋槍隊
  - 洋槍隊

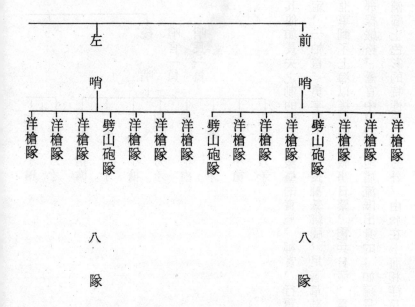

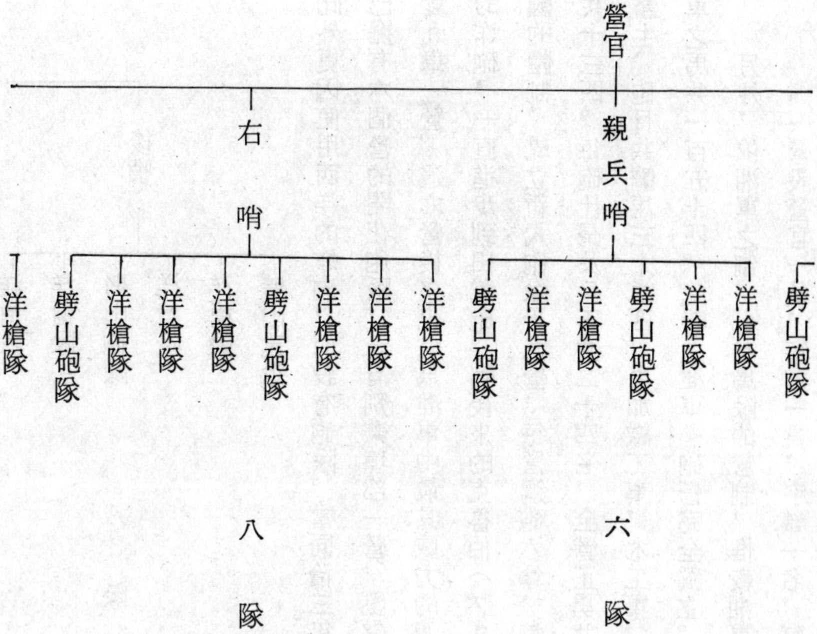
營官
親兵哨
六隊
劈山砲隊
洋槍隊
洋槍隊
劈山砲隊
洋槍隊
洋槍隊
劈山砲隊
右哨
八隊
洋槍隊
洋槍隊
洋槍隊
劈山砲隊
洋槍隊
洋槍隊
洋槍隊
劈山砲隊
洋槍隊

後哨

- 洋槍隊
- 洋槍隊
- 劈山砲隊
- 洋槍隊
- 洋槍隊
- 劈山砲隊

八　隊

此外更因使用西洋的炸砲，而設有砲隊。當同治三年（一八六四）五月，蘇常戰事結束後，當時淮軍已擁有六個營的開花砲隊，計有劉秉璋部一營，劉銘傳部一營，羅榮光一營，劉玉龍一營，余在榜一營，袁九皋一營。這六營後來也成爲淮軍中最具威力的西式砲隊。使用的砲，從開始較小的十二磅重彈子的炸砲，一直進步到田雞砲。到後來的克魯伯（Krupp）式的後膛鋼砲，並成立新式的砲營，仿照德國的體制，成立新式砲隊十九營，每營鋼砲六尊，每尊正副車二輛，每車配馬六匹，砲目另騎一匹，共十三匹。每砲什長及兵丁共二十四名，全營正勇共一百四十四名。連同營官、哨官、號手、鼓手、醫生、砲目共騎馬三十二匹，再加鐵工車，木工車，伙食車，行李車七輛，總計車十九輛，連騎帶拖車之馬共一百五十四匹。此時之淮軍，砲營完全獨立。使淮軍成爲國內唯一勁旅。（註一二）。

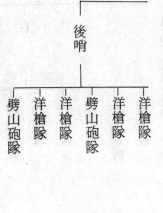

另外，依湘軍之制，也有馬隊的營制，惟較湘軍略有不同，其馬隊一營的編制如下：

「一營設營官一員，幫辦一員，字識一名，每營分中前左右後五哨。前後左右四哨，每哨設正副哨官各一員，中哨營官自統。另設副哨官二員。每哨馬勇五十名，五哨共二百五十名。各哨又有散勇五棚，每棚十名，內一名爲什長。合五哨，共計散勇二百五十名。另營官、幫辦、字識等，共用伙夫二名；四哨之正副哨官，共用伙夫四名。每棚馬勇，用伙夫一名。總共用伙夫二十五名。又全營公用長夫五十名，總計全營人員爲五百九十二人。」

至於淮軍的訓練，初期亦是襲自湘軍，直到援滬之後，軍隊傾向西化，訓練也和湘軍略有不同，可由下列兩點看出：

(1)訓練時間的加強。

(2)陣法、號角、口令具爲西式。

其特色及影響則有：

(1)以新法操演練軍：因李鴻章後來接任直隸總督，故改命練軍習洋槍，以淮軍人員爲教習。

(2)派官弁出洋學習：因其營制操練，全部襲自德國，所以不得不派人出洋學習。

(3)湘軍統將效法淮軍：因受淮軍西化軍械之威力影響所致。

(4)北洋武備學堂的成立。

這裡必須將北洋武備學堂略加介紹，它是我國近代史上第一所現代的軍事學校。淮軍西化的結果，必須吸收外人兵學的新知；但單靠派員弁出洋學習實不足以滿足整個淮軍的需要，所以在光緒十一年（一八八五）中法議和之後，恰有一批前一年聘雇的德國軍官，留在天津。周盛波和周盛傳，乃請李鴻章仿照西國武備書院之制，在天津設立陸軍武備學堂。同年五月五日奏請設立。校址紫竹林，定名爲天津武備學堂，習稱北洋武備學堂。委派德國軍官李寶、崔發祿、哲寧、那珀、博郎、閫士等人爲敎師。並調周盛波、李長樂、曹克忠、葉志超、徐道奎等部弁兵，入堂學習，期限爲一年，每一批有一百多人，大部分是淮軍的人員，所以本學堂就成爲淮軍將弁之訓練所。同年十二月，李鴻章又委派楊宗濂爲學堂首任總理。楊氏亦是淮軍統將及幕府出身。後來，學堂不足用，約光緒十六、七年（一八九〇、一八九一）間，葉志超又在山海關設立一分學堂，以訓練所部。以上是天津武備學堂之大概（註一三）。其特色，則是私軍系統的形成。因爲不論將領軍官，都是出自淮軍。因其出身相同，就容易形成一支私軍，或私有軍系。

最後，比較一下湘、淮兩軍在訓練上的差別。

1.就訓練期限言之：湘軍大致祇有一個月，而西化後之淮軍，首先領悟英軍訓練六個月的效益，李鴻章乃奏請實施。光緒年間又受德國敎習之影響，加長至一年。

2.就訓練宗旨言之：淮軍接觸西式武器後，仿傚惟恐不及，而湘軍却傾向保守，不肯輕易的接受西法，對於西洋新式武器反應遲緩，這是曾氏一向要維持湘軍樸拙的精神所致。

3.就訓練內容言之：在湘軍是鍛練體魄，和刀矛、馬槍、抬槍、劈山砲等技能，以及三才，鴛鴦等陣法。而淮軍則全改爲西式，所採練手足，演槍礮各法，以及林操、行軍、測繪、戰陣，多不同於湘軍。

總之，湘軍所代表的是中國軍伍本身的變革，它的一切規制均就中國傳統兵學而推陳出新。而淮軍則代表中國軍伍承受西方之影響，進而改革仿效，爲中國軍制開出一新的風氣。兩者都有進步的意義，是日後中國現代化陸軍的先驅。這也是清季自強運動中陸軍對後代最大的影響（註一四）

【附註】

註　一　參考王爾敏撰：「練軍的起源及其意義（下）」，大陸雜誌三四卷七期（民國五十六年三月），頁二二一——二二九。

註　二　同註一。

註　三　同註一。

註　四　同註一。

註　五　見王爾敏撰：「淮軍志」（台北市，中國學術著作獎助委員會，民國五十六年十一月），頁七三——七四。

註　六　見戚繼光撰：「紀效新書」（道光二十一年刊本），卷一，頁九。

註　七　見王闓運撰：「湘軍志」（台北市，文苑出版社，民國五十三年八月），頁四四三——四四四。

註　八　同註五，頁一〇〇。

註　九　同註五，頁一九一——一九二。

註一〇　同註五，頁七六。

註一一　同註五，頁九四。

註一二　同註五，頁九八——九九。

註一三　同註五，頁二〇三——二〇四。

註一四　同註五，頁二〇七。

第六章 結論——軍備得失之檢討

本章檢討軍備之得失，主要分爲三部分。首先，就兵工業加以檢討，著重有形之武器及兵工廠等。其次，檢討海軍之武力及教育等。最後，檢討陸軍。茲分述如左：

一、就兵工業言之：

自強運動中的兵工業，可說是未來中國新工業產生的搖籃，其所產生的正面影響至少有三點：

㈠人才的造就：包括經營他項企業的人才及推廣機器局的人才，前者如蘭州機器局的賴長，後來在甘肅創辦了織呢絨局，江南製造局的潘露，後在貴州青溪創辦了中國第一座煉鐵廠。經辦過福州船廠的丁日昌、黎兆棠、徐建寅等都是出自江南製造局的。其他，如經辦過湖北織布局的薛培榕，是江南局恬吉輪的統帶；經辦台灣機器局的丁達意；後來主持滬杭鐵路的敷設等不勝枚舉（註一）。至於後者，如廣州火葯局，是江南製造局的潘露所主辦的；山東機器局創設之前，巡撫丁寶禎曾派張蔭桓赴津，抄錄津局章程，開辦之初，又咨調在滬局的徐建寅爲總辦。湖南機器局的經始人，是曾主持上海炸彈三局之一的韓殿甲等，亦不勝枚舉（註二）。

㈡新知識的傳播：所謂新知識主要是指西方的新知識而言，又可分兩方面敍述，一是翻譯西書，刊印新書；一是指辦理新式教育。前者給予當時社會上的一些士大夫或學子增加不少西方的新知識，後者則培育了不少新人材。在自強運動中各個兵工廠，規模較大的都兼介紹西方知識，如江南製造局，從同治六年（一八六七）起就設立翻譯學館，翻譯了很多西人的書籍，其中大部分都是科學的書，如算學、物理、化學、工程、農學、醫學、地學、兵政等爲數甚爲可觀（註三）。這些新知識，對於後來中國近代化的工業有其深遠的影響。另外，即使是規模較小的兵工廠，就其本身的生產方式、性能以及對於員工的訓練，對當時來說，也是一種新的知識。在辦理新式教育方面，如江南製造局附設的廣方言館，早在同治八年（一八六九）就已設立，開始招生傳授英文、法文、算學、輿地等的新知識。其他如天津機器局內，設立的水師學堂、電報學堂、水雷學堂和俄文學堂，以及訓練當時各地敷設電綫及成立水雷營之各項措施等等都是新式的教育，這對各種人才的培養，貢獻甚多。

㈢帶動他項工業：本時期的兵工廠，多命名爲機器製造局，其初意以爲凡西洋機器皆應列入其中，視爲包羅一切機器的新式工廠，這樣自然的使機器局負起了造機器零件的工業，尤其是修理各種機器，各局幾乎無不變成一座官方的機器修配廠。若干機器局也部分的製造銀圓、銅圓和制錢。修配機器、製造零件，甚至出產整部機器，也相對的就帶動其他工業的發展。

至於其缺點大致可分爲五點：

㈠產量不敷所需：當時全國大小兵工廠的生產量，就平時而言，大致尚足敷所需，尤其火藥產量，常常過剩，以致於因存儲過久而變質。但一遇到戰時，需求量大增，產量卻有限，以致左支右絀，必須向外洋購求，形成大量洋產的對內傾銷。同時，每次戰爭的刺激，多半是增建機器局，這樣因果的循環，兵工廠的生產，永遠趕不上戰爭的消耗，對國防的支持，也顯得相當薄弱（註四）。

㈡技術上的落後：本期的兵工業，主要是爲模仿西方的武器而設立的，所以一開始就沒有自己創新的計劃，每一器一物都在模仿外人，也永遠落在別人之後。當時各省機器局之機器都是向外人採購的，槍砲彈藥也全是仿造的。西人的兵工業，是屬於各種工業的一環，有其優良的技術，所以日新月異，進步神速；而中國全無重工業的基礎，再者缺乏研究的人才，凡事只能拾人牙慧，各種生產品，不幾年即成舊式，兼以軍費浩大，政府財政困難，所以只能維持現狀，而無法突破。以槍而言，同治初年，所謂設局仿造，大多是前膛槍。後來，江南製造局以經費較充足，又接近海口，對外人新式的林明敦後膛槍仿造最早。但是，至光緒七年（一八八一），該局所製的槍已列爲下品，各營不願領用。至光緒十六年（一八九〇）該局所存的林明敦後膛槍一萬多枝，亦因有走火之弊，各軍拒用，後來才加以改造，每槍增工料費銀二兩，始行解決（註五）。其時毛瑟槍等較好的槍已甚爲流行，當時中國的兵工廠卻還不會製造。

㈢生產武器系統多而且雜：由於全國防務對軍械火藥的需要，一天比一天迫切，且各地督撫又各自爲政，各地兵工廠就紛紛成立，但因爲各省機器局所造武器，彼此連繫不夠，很少注意型式的一致，再加上機器來自外國不同的公司，不同的年份，所造槍枝口徑大小不同，使用時造成極大的混亂，也因此使國防支應效能無法發揮。此種情況甚爲嚴重，直至甲午戰後才漸有改善。

㈣廠局的設立缺乏通盤的考慮：本期兵工廠的廠址，往往是當地督撫等大員的駐紮地，這完全是當時地方大員私心和短見所致。這導致很多缺點，燃料問題、原料問題、防衞問題，都一一的暴露出來。如江南製造局設在海口，早年尚須向外人購運煤炭，其後也要遠從唐山運煤來，增加了不少的成本。且各兵工廠，設於沿海，目標顯著，一旦戰爭發生，即成爲敵人攻擊的目標，中法甲申之戰福建船政局被毀即是一例。

㈤沒有企業經營的概念：各兵工廠，完全不是獨立的組織，它僅是政府的分支機構。雖然是一新興的工業，但它的地位和當時的政府部門並無不同。凡事都得層層請示，全無通盤的計劃和前瞻性，人人只求苟安自肥，自然無積極的創造精神。

總之，本期所致力的兵工業，大小機器局有數十所，雖然在軍器的利用上已進入一個新的境界，但是就實際國防效益而言，產量不敷應用，不足以支援任何戰役，成本高而且產品不夠精良，未能發揮新式兵工業之效率；程式不一致，各軍混亂使用，形成極大的障碍。以上數端皆足以減低其在國防上的支應力。兼以政出多門，人各私心，以致人謀不臧，經營不善，使得本期的兵工廠不能發揮應有的效能，正如英人貝思福所批評的

自我觀之，中國於製造船砲軍械等事，當專責上海一廠，竭力擴充，期於足用而止，其餘各廠，概停工作，以節糜費，而以其廠屋作爲儲存砲械之棧房，亦不至鞠爲茂草。至論上海一廠，規模全備，精器精良，地居適中，購料甚便，祇須略添經費，並派西人爲總辦，以收駕輕就熟之效，我可決其所造之物，必能供給華兵二十萬名之需用矣。若照今日各省各辦之情形，不過便

各督撫之私圖，於國家何益哉！（註六）

二、就海軍言之：

本期海軍武力雖在光緒二十年（一八九五）的中日甲午戰役中全被消滅，但就教育訓練來說，對後代仍有相當的影響，例如：

㈠本時期的海軍建設，大部分以船政前後學堂學生為骨幹，而學堂的教育規模、訓練方針，亦為此後南北洋水師學堂所沿襲，對於後代我海軍人才的培養與訓練，已開出一康莊的坦途。

㈡本時期海軍教育對新知識的介紹，和後來中國近代化過程有推進之功，雖然本期海軍各學堂的學生，以清政之不綱，而未得展其所長，但這一輩沐受新興科學教育者，却在其他方面，開創了很多新事業，最著者如嚴復、張伯苓、詹天佑等在興辦教育、修築鐵路諸方面，都有很多貢獻。

至於在教育的缺點，有一點影響當時及後代甚大，即船政學堂於同治五年（一八六六）開始招生時，因當時風氣未開，初應試者甚少，且多屬閩省附近地區家境清寒者，後來才有推舉保送的方法。這個方法導致後來海軍鄉土觀念及派系的對立，種下了日後甲午戰敗的禍根，正如李鴻章所說：「以北洋海軍一隅之力，搏倭人全國之師」，可見其門戶之嚴重性。

至於，甲午海軍所以戰敗，則尚有下列幾點因素：

㈠船艦陳舊：購艦的經費多被挪為他用，致使裝備愈來愈陳舊。

㈡兵將訓練不精，紀律鬆弛，缺乏作戰精神，佈陣零亂，全無戰術可言。

㈢自太平天國亂後，中央權威漸衰，督撫權力日增，海軍分由各省組成，以致彼此步調不一，復難協調，武力因而分散，終於被各個擊破。

三、就陸軍言之：

本期的陸軍以淮軍爲主幹。它不但取代了湘軍的地位成爲眞正的國軍，且因其現代化的武器，以及訓練和教育的方式，皆是我國現代陸軍的先河。尤其當時北洋武備學堂的成立，使得軍官的來源有一定的水平，爲我國陸軍人才的培育，跨出了一大步。

至於其缺失，也有下列數點：

㈠淮軍創始人—李鴻章，一開始用人就論才不論德，不責細行，不重精神教育，故其行伍之將領頗不乏地痞流氓，以此等人統兵，雖或可持其才以爲一時之用，然終不得服衆，可爲一人所用，而不能顧全大局。尤有甚者，其利害相結之惡習，爲害社會風氣至鉅，甚至演變成後來割據一方的軍閥。

㈡淮軍的組成有相當重的軍系色彩，以致演變爲後來私軍的形成，造成社會的不安及國家政局的動盪，對後代影響至爲深遠。

以上是筆者對整個自強運動中軍備得失的幾點淺見，希望能拋磚引玉，有更多人從事這方面的研究，也可讓世人更了解自強運動軍備所具有的時代意義。權衡得失，以爲中國現代化的軍備做更充分的準備，使吾國之軍備能臻於世界第一流之列，爲未來富強的新中國開創出一條康莊的大道。

【附　註】

註　一　見王爾敏撰：「清季兵工業的興起」（台北市，中央研究院近代史研究所，民國六十七年六月，再版，該所專刊之九），頁一五二。

註　二　同註一，頁一五一。

註　三　魏允恭撰：「江南製造局記」（台北縣，文海出版社，近代中國史料叢刊四〇四冊），卷二，頁一七三——一九一。

註　四　同註一，頁一三一。

註　五　同註三，卷三。

註　六　同註一，頁一三八—一三九。

重要參考書目

一、中文專著

文　慶：籌辦夷務始末。台北市：國風出版社，民國五十七年五月，初版。

王家儉：魏源年譜。台北市：中央研究院近代史研究所，民國七十年二月，再版。

魏源對西方的認識及其海防思想。台北市：大立出版社，民國七十三年三月，初版。

中國近代海軍史論集。台北市：文史哲出版社，民國七十三年十二月，初版。

王爾敏：清季兵工業的興起。台北市：中央研究院近代史研究所，民國五十二年七月，初版。

淮軍志。台北市：中國學術著作獎助委員會，民國五十六年十一月，初版。

晚清政治思想史論。台北市：華世出版社，民國六十八年十一月，初版。

清季軍事史論集。台北市：聯經出版事業公司，民國六十九年五月，初版。

中國近代思想史論。台北市：華世出版社，民國七十一年一月，初版。

王曉波等：現代中國思想家。台北市：巨人出版社，民國六十七年十二月，初版。

王遽常：嚴幾道年譜。台北市：大西洋圖書公司，民國五十九年一月，初版。

王闓運：湘軍志。台北市：文苑出版社，民國五十三年八月，初版。
王　鑫：王壯武公遺集。台北市：文海出版社，近代中國史料叢刊第二四一—二四四種。
中央研究院近代史研究所：海防檔。台北市：該所，民國四十六年六月，初版。
近世中國經世思想研究會論文集。台北市：該所，民國七十三年四月，初版。
中華文化復興運動推行委員會：中國近代現代史論集第八編自強運動㈢軍事。台北市：台灣商務印書館，民國七十四年九月，初版。
左宗棠：左文襄公全集。台北市：文海出版社，近代中國史料叢刊續編六四一—六四九册。
包遵彭等：中國近代史論叢第一輯第五册自強運動。台北市，正中書局，民國七十年八月，初版。
包遵彭：中國海軍史。台北市：中華叢書編審委員會，民國五十九年五月，初版。
池仲祐：海軍大事記。北京：海軍部編史處，民國七年，初版。
沈葆楨：沈文肅公政書。光緒十八年烏石山祠刊本。
呂實強：中國早期的輪船經營。台北市：中央研究院近代史研究所，民國五十一年四月，初版。
丁日昌與自強運動。台北市：中央研究院近代史研究所，民國六十一年八月，初版。
吳昌綬：定庵先生年譜。龔自珍全集卷末。台北市：河洛圖書出版社，民國六十四年九月，初版。
李守孔：李鴻章傳。台北市：台灣學生書局，民國七十四年一月，再版。

李國祁：張之洞的外交政策。台北市：中央研究院近代史研究所，民國五十九年三月，初版。
李　震：中國軍事教育史。台北市：中央文物供應社，民國七十二年二月，初版。
李鴻章：李文忠公全集。台北縣：文海出版社，民國五十七年五月，初版。
余英時：歷史與思想。台北市：聯經出版事業公司，民國六十五年九月，初版。
何貽焜：曾國藩評傳。台北市：正中書局，民國五十二年七月，台三版。
林則徐：林文忠公政書。台北市：文海出版社，近代中國史料叢刊第五十一種。
邵作舟：危言。光緒二十四年商務印書館鉛印本。
周谷城：中國社會之結構。台北市：文學史料研究會。
周絹艷：張之洞的洋務思想。中國文化大學史學研究所碩士論文，民國六十九年。
金鍾潤：洋務運動時期的兵工業。國立台灣師範大學歷史研究所碩士論文，民國七十二年六月。
奕　訢：賡獻集。台北縣：文海出版社，近代中國史料叢刊續編三一三册。
樂道堂文鈔。同前，三一一册。
范光淡：李鴻章之海防運動及其後果。中國文化大學史學研究所碩士論文，民國六十八年。
段玉裁：經韻樓集。段玉裁遺書內。台北市：大化書局，民國六十六年五月。
高達觀：中國家族社會之演變。台北市：里仁書局，民國七十一年三月，初版。
徐　彥：公羊注疏。台北市：藝文印書館，民國五十四年六月，三版。

容　閎：西學東漸記。台北市：廣文書局，民國五十年九月，初版。
孫金銘：中國兵制史。台北市：國防研究院，民國五十九年十月，再版。
郝培芸：中國海軍史。北平市：武學書館，民國十八年，初版。
翁瑞廷：魏源的政治思想。台北市：聯亞出版社，民國七十二年十二月。
郭鳳明：清末民初陸軍學校教育（一八九五—一九一六）。中國文化大學史學研究所碩士論文，民國六十六年。
梁啓超：論李鴻章。台北市：台灣中華書局，民國五十九年五月，二版。
　清代學術概論。台北市：台灣商務印書館，民國六十一年十二月，台一版。
陸寶千：清代思想史。台北市：廣文書局，民國六十七年三月，初版。
陳　虬：經世博議。光緒十九年甌雅堂刊本。
陳壽恒：清代中興名將左宗棠。台北市：台灣拔提書局，民國四十五年四月，初版。
張之洞：張文襄公全集。台北縣：文海出版社，近代中國史料叢刊四六三—四七〇册。
張玉法：中國近代現代史。台北市：東華書局，民國六十七年十月，初版。
張蔭桓：西學富強叢書選萃。台北市：廣文書局，民國六十一年一月，初版。
張　灝等：晚清思想。台北市：時報文化事業公司，民國六十九年六月，初版。
國防研究院：清史。台北市，該院，民國五十年二月，初版。

戚繼光：紀效新書。道光二十一年刊本。
曾國藩：曾文正公全集。台北市：世界書局，民國四十一年七月，再版。
楊家駱：洋務運動文獻彙編。台北市：世界書局，民國五十二年七月，初版。
楊肅然：晚清的反變法思想（一八九一——一九〇〇）——近代中國保守主義的一個分析。台大歷史研究所碩士論文，民國六十九年。
葛士濬：皇朝經世文續編。台北市：國風出版社，民國五十三年六月，初版。
趙豐田：晚清五十年經濟思想史。台北市：崇文書店，民國五十六年十月，初版。
蔡冠洛：清史列傳。台北市：台灣啓明書局，民國五十四年七月，初版。
鄭天杰、趙梅卿：中日甲午海戰與李鴻章。台北市：華欣文化事業中心。民國六十八年四月，初版。
蕭一山：曾國藩傳。台北市：中華文化出版事業委員會，民國四十四年五月，初版。
清代通史。台北市：台灣商務印書館，民國五十六年七月，台二版。
魏允恭：江南製造局記。台北市：文海出版社，近代中國史料叢刊第四〇四種。
魏　源：海國圖誌。台北市：成文出版社，民國五十六年影印本。
聖武記。台北市：台灣中華書局，民國五十一年五月，台一版。
魏源集。台北市，鼎文書局，民國六十七年十一月，初版。
嚴　復：嚴幾道詩文鈔。台北市：文海出版社，近代中國史料叢刊四一七種。

二、中文期刊論文

王信忠：福州船廠之沿革。收入中國近代史論叢第一輯第五冊自強運動，台北市，正中書局，民國七十年八月。

王家儉：評介 Rawlinson 著「中國海軍發展史」。中央研究院近代史研究所集刊第一期，民國五十八年八月。

王爾敏：練軍的起源及其意義（上、下）。大陸雜誌三十四卷六、七期，民國五十六年三月。

清季兵工業約論。大陸雜誌三十五卷九期，民國五十六年十一月十五日。

文祥對於時局的認識及其自強思想。師大歷史學報一期，民國六十三年一月。

中國近代之自強與求富。中央研究院近代史研究所集刊九期，民國六十九年七月。

石　錦：清末自強觀的內容分野及其演變（一八四〇——一八九五）。思與言六卷四期，民國五十七年十一月。

李守孔：李鴻章與同光新政（上、下）。故宮文獻三卷一、二期，民國六十一年二、三月。

何漢威：康念德「江南製造局的武備」（一八六〇——一八九五年）——中國軍械工業中的現代化師大歷史學報八期，民國六十九年五月。

林天蔚：鴉片戰爭後我國的社會經濟型態。東方雜誌復刊十五卷十一期，民國七十一年五月。

施德慶：江南製造局之簡史（上、下）（甘作霖譯）。東方雜誌十一卷五、六號，民國三年十一、十二月。

冼玉清：清季海軍之回溯。東方雜誌三十八卷十一期，民國三十年六月。
段昌國：恭王奕訢的治學及其外交識見。故宮文獻四卷四期，民國六十二年九月。
孫正容：清咸同間購輪還輪事件始末記（一八六一——一八六三）。文瀾學報二卷二期，民國二十五年六月。
梁作檠：晚清之政治腐敗與社會騷動。香港中文大學中國文化研究所學報九卷一期，民國六十七年。
張焯焄：七十年來中國兵器之製造。東方雜誌三十三卷二期，民國二十五年一月。
楊懋春：清末五十年的變法維新運動。近代中國三期，民國六十六年九月。
董志群：郭嵩燾的洋務思想研究。復興崗學報二十六期，民國七十年十二月。
說　郛：福建船政廠考。地學雜誌一卷五期，清宣統二年五月。
駱雪倫：從曾國藩和魏源的經世思想看同光新政。大陸雜誌三十六卷一期，民國五十七年一月十五日。
謝延庚：李鴻章倡導洋務運動的背景。中山學術文化集刊十三期，民國六十三年三月。
羅志淵：中國現代化運動的胚胎思想及其表徵（正、續）。新時代十三卷二、三期，民國六十二年二、三月。

三、西文專著和論文

Arthur W. Hummel : Eminent Chinese of the Ching Period (1644—1911) 2 Vols, Washington, 1943.
Barnett, S. W. : " Wei Yüan and Westerners : Notes on the

Sources of the Hai—kuo t'u—chih", Ching—Shih Wen—t'i II.4 (st. Louis 1970)

Bays, Daniel E.: China Enters the Twentieth Century: Chang Chih—tung and the Issues of a New Ages, 1895—1909. Ann Arbor: The University of Michigan Press, 1978。台北，虹橋．

Chang, Hsin—Pao: Commissoner Lin and the Opium War。Cambridge: Harvarb University Press, 1964.

Cohen, Paul A。: Between Tradidition and Modernity: Wang T-ao and Reform in Late Ching China.台北，虹橋．

Morse, H. B.: The International Relations of the Chinese Empire, 3 Vols, 1961，台北，文星

Powell, Ralph: The Rise of Chinese Military Power, 1895—1912。Princeton University Press, 1955.

Rawlinson, John L。: China's Struggle for Naval Development; 1839—1895。Cambridge: Harvard University Press, 1967。

Walker, Richard L。(ed.) China and the West。Cultural Collision. New Haven : Far Eastern Dublications , Yale University , 1956.

Wang , Y. C. : Chinese Intellectuals and the West , 1872—1949. Chapel Hill : The University of North Carolina Press, 1966.

Wu Wei—P'ing : " The Rise of the Anhwei Army, " Papers on China XIV (Cambridge : Harvard University East Asian Research Center , 1960), P.30—49。